税赋

国文化百科

富国兴邦基业

李玉梅 编著 胡元斌 丛书主编

汕头大学出版社

图书在版编目（CIP）数据

税赋：富国兴邦基业 / 李玉梅编著. -- 汕头 ： 汕
头大学出版社，2015.2（2020.1重印）
　　（中国文化百科 / 胡元斌主编）
　　ISBN 978-7-5658-1586-7

Ⅰ．①税… Ⅱ．①李… Ⅲ．①税收管理－财政史－中
国 Ⅳ．①F812.9

中国版本图书馆CIP数据核字(2015)第020921号

税赋：富国兴邦基业　　　　SHUIFU：FUGUO XINGBANG JIYE

编　　著：李玉梅
丛书主编：胡元斌
责任编辑：汪艳蕾
封面设计：大华文苑
责任技编：黄东生
出版发行：汕头大学出版社
　　　　　广东省汕头市大学路243号汕头大学校园内　邮政编码：515063
电　　话：0754-82904613
印　　刷：三河市燕春印务有限公司
开　　本：700mm×1000mm 1/16
印　　张：7
字　　数：50千字
版　　次：2015年2月第1版
印　　次：2020年1月第2次印刷
定　　价：29.80元
ISBN 978-7-5658-1586-7

前　言

中华文化也叫华夏文化、华夏文明，是中国各民族文化的总称，是中华文明在发展过程中汇集而成的一种反映民族特质和风貌的民族文化，是中华民族历史上各种物态文化、精神文化、行为文化等方面的总体表现。

中华文化是居住在中国地域内的中华民族及其祖先所创造的、为中华民族世世代代所继承发展的、具有鲜明民族特色而内涵博大精深的传统优良文化，历史十分悠久，流传非常广泛，在世界上拥有巨大的影响。

中华文化源远流长，最直接的源头是黄河文化与长江文化，这两大文化浪涛经过千百年冲刷洗礼和不断交流、融合以及沉淀，最终形成了求同存异、兼收并蓄的中华文化。千百年来，中华文化薪火相传，一脉相承，是世界上唯一五千年绵延不绝从没中断的古老文化，并始终充满了生机与活力，这充分展现了中华文化顽强的生命力。

中华文化的顽强生命力，已经深深熔铸到我们的创造力和凝聚力中，是我们民族的基因。中华民族的精神，也已深深植根于绵延数千年的优秀文化传统之中，是我们的精神家园。总之，中国文化博大精深，是中华各族人民五千年来创造、传承下来的物质文明和精神文明的总和，其内容包罗万象，浩若星汉，具有很强文化纵深，蕴含丰富宝藏。

中华文化主要包括文明悠久的历史形态、持续发展的古代经济、特色鲜明的书法绘画、美轮美奂的古典工艺、异彩纷呈的文学艺术、欢乐祥和的歌舞娱乐、独具特色的语言文字、匠心独运的国宝器物、辉煌灿烂的科技发明、得天独厚的壮丽河山，等等，充分显示了中华民族厚重的文化底蕴和强大的民族凝聚力，风华独具，自成一体，规模宏大，底蕴悠远，具有永恒的生命力和传世价值。

在新的世纪，我们要实现中华民族的复兴，首先就要继承和发展五千年来优秀的、光明的、先进的、科学的、文明的和令人自豪的文化遗产，融合古今中外一切文化精华，构建具有中国特色的现代民族文化，向世界和未来展示中华民族的文化力量、文化价值、文化形态与文化风采，实现我们伟大的"中国梦"。

习近平总书记说："中华文化源远流长，积淀着中华民族最深层的精神追求，代表着中华民族独特的精神标识，为中华民族生生不息、发展壮大提供了丰厚滋养。中华传统美德是中华文化精髓，蕴含着丰富的思想道德资源。不忘本来才能开辟未来，善于继承才能更好创新。对历史文化特别是先人传承下来的价值理念和道德规范，要坚持古为今用、推陈出新，有鉴别地加以对待，有扬弃地予以继承，努力用中华民族创造的一切精神财富来以文化人、以文育人。"

为此，在有关部门和专家指导下，我们收集整理了大量古今资料和最新研究成果，特别编撰了本套《中国文化百科》。本套书包括了中国文化的各个方面，充分显示了中华民族厚重文化底蕴和强大民族凝聚力，具有极强的系统性、广博性和规模性。

本套作品根据中华文化形态的结构模式，共分为10套，每套冠以具有丰富内涵的套书名。再以归类细分的形式或约定俗成的说法，每套分为10册，每册冠以别具深意的主标题书名和明确直观的副标题书名。每套自成体系，每册相互补充，横向开拓，纵向深入，全景式反映了整个中华文化的博大规模，凝聚性体现了整个中华文化的厚重精深，可以说是全面展现中华文化的大博览。因此，非常适合广大读者阅读和珍藏，也非常适合各级图书馆装备和陈列。

目 录

初税亩田

赋役成制

顺势建制

应时改化

初税亩田

在我国历史上的上古时期夏商西周出现的十一税和土贡，标志着奴隶社会赋税制度雏形的形成。到了春秋时期，齐国的"相地而衰征"，鲁国的"初税亩"和"作丘甲"，使奴隶制生产关系逐渐解体。

战国时期的赋税改革，将前一时期的改革成果推向新阶段，奠定了封建制度的物质基础，体现了税制改革的探索精神。

先秦时期的徭役（包括力役和兵役）等，在国家建设和巩固国防方面，发挥了极为重要的作用。

夏商西周的税赋

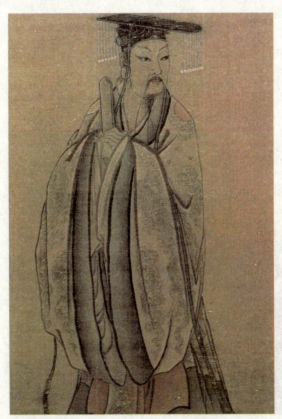

赋税是实现国家职能的重要工具。夏商西周是我国历史上3个奴隶制王朝，被称为"三代"。三代在氏族社会及其变种，也就是井田制的基础上建立了贡助彻赋税制度。

贡助彻赋税制度的产生，对国家的巩固和发展意义重大，它加强了国家政权的巩固，同时维护了宗法统治秩序，促进了奴隶经济的发展。

　　夏代作为我国历史上第一个奴隶制社会，建立了与其相应的比较完备的赋税制度。夏代的田赋征收有两种，一种是按田土的农产品产量征收定额的田赋；一种是根据各地的特产贡纳土特产品。

　　相传夏禹在治水之时，即观察土地，识别土质，把田地按高低、肥瘠情况分为9等，又根据使用的情况规定了赋税等级。据史籍记载，夏代把全国分为5个区域，在王城之外，每250千米为一区，根据各区距离王城的远近和运输负担，确定缴纳物品的精、粗。

　　赋税的比率，一般是收获量的十分之一。因年成有好坏，夏代的做法是将相邻几年的收获，求出一个平均数，作为贡赋定额。不分灾年、丰年，都要缴纳规定数量的粮食。所以，夏代的税收，实际上是一种农业定额税。

　　除了上述的赋外，夏代国家收入的另一个重要来源是土贡，各地诸侯、臣属向夏王朝贡纳的土产、珍宝。

根据《史记·夏本纪》和《尚书·禹贡》的记载，当时地方诸侯、方国、部落向夏王朝上交的贡物主要是其所在地的特产，诸如丝、铜、象牙、珠玉等。

这里面又分常贡和临时贡纳，后者一般是那些难得的物品或新鲜果品。为了保证税收的执行和夏王朝有稳定的收入，夏王朝已经发明并使用石、钧等衡器来征收赋税。

夏代的赋税说明，我国奴隶制国家建立后，曾经及时采取法律形式确立国家赋税制度。

商朝仍沿袭夏朝的贡制，但商朝有自己的田赋制度，这就是助法。助法是建立在井田制度基础上的一种田赋制度。

在商代实行的是井田制度，《孟子》记载："殷人七十而助"。据朱熹解释：以630亩的土地，分为9块，每块70亩，中为公田，8家共耕；外为私田，8家各授一区。纳税的形式，是使8家之力助耕公田，以公田所获交公。私田不再纳税。

这种田赋的性质，实是上一种借民力助耕的劳役地租。这种以租代税的形式实际上是对劳动力的直接征发。

助法的税率，《孟子》说是十一税率，朱熹推算是九一税率。因为每家负担的是八分之一，即12.5%，比十一税率要高。此外，商朝也有上贡制度。政治家伊尹受商王之命所做的《四方献令》中规定：受封诸侯要定期或不定期向商王朝贡纳当地的土特产品。

周朝基本上是沿袭了夏商的赋税制度。西周仍实行井田制，在此基础上推行"彻法"。据《汉书·食货志》记载：一井之内的所有人家，通力协作耕种，均分收获物，以其中百亩的收获物作为田赋上缴给政府，税率约为十一而税，这就是彻法。

彻法同助法一样，也建立在井田制的基础上。但彻法的征收同助法有所不同。首先，授地亩数不同；其次，夏代是定额税，周代则采取比例税形式；最后，它能多收多得，有利于调动劳动者的积极性。可见，彻法比贡法要进步得多。

周朝的贡法，是各国诸侯和平民，定期向周天子献纳物品的制度。贡纳是各诸侯应尽的义务。

西周的周公旦把封国按照"公侯伯子男"5个爵位来区分高低。

西周的贡法要求：属地为250千米的公需要贡二分之一；属地分别为200千米和150千米的侯和伯需要贡三分之一；属地分别为100千米和50千米的子和男需要贡四分之一。

贡法同时规定，贡品都是实物。上缴的贡物必须按时缴纳，否则就会受到惩罚。

除了上述田赋和贡纳制度外，周王朝还出现了关市税。这一税制的出现是有一定历史背景的。

我国古代手工业发展得早，当时的手工业和商业都属官办，故不征税。去市场上交换的物品，在关卡上只检查是否有违禁事例，而不征税；在市场上也只对市肆收点管理费。

至西周后期，由于农业的剩余生产物和手工业产品的交换活动日益增多，在官营手工业和官营商业之外，出现了以家庭副业形式的私营个体手工业和商业，商人活动的范围已不是几十千米、上百千米的小范围，而是来往于各诸侯国乃至海外。

针对这种情况，国家一方面出于保护农业劳动力的需要，对从商之人加以抑制；另一方面，也是为了满足日益增加的财政需求，因此，需要对参加商品交换的物品征税。

西周的关市税指的是关税和市税。古代的关，主要指陆路关卡，或设于道路要隘之处，或设于国境交界之处；其作用是维持治安和收税，即有双重作用。

市税是指对开设的商铺等进行征收，实际上是费的性质。据史载，有质布、罚布、廛布等名目。布就是当时的货币。质布是买卖牛马兵器等，政府给予贸易契券，并收取税金和契纸的成本费。罚布是对犯市令者的罚款。廛布是对商人储存货物的店铺所收的费。

西周关市方面的赋税用"布"即货币来交纳，意味着西周时货币经济已开始发达起来。

周朝还有一项山泽税，即对山林、园池水泽所产所征的税。包括山林所出的兽皮、齿、羽翮，池泽所出的鱼、盐等物所收取的实物。

夏商西周三代有一种寓惩于征的措施，即罚课。

罚课规定，凡不勤劳生产，或不完成生产任务的，都要受到加税或服徭役的处罚。对于住宅地旁不种桑麻者，闲居而不参加生产者，都要交纳数额不等的钱款或者服徭役。

拓展阅读

伊尹被称为"中华厨祖"。他在平民时就以才能和厨艺高超而名闻四方，商汤听说后，向他询问天下大事。

伊尹从烹调的技术要领和烹调理论，引出治国平天下的道理。他建议商汤要吸取夏代灭亡的教训，勤修德政，减轻人民的劳役，减少赋税额度，让百姓休养生息，发展生产。

商汤听后心悦诚服。后来，商汤尊伊尹为宰相，并在他的辅佐下，讨伐夏桀，建立了商朝。伊尹由此成为我国奴隶社会唯一的平民出身的圣人宰相。

春秋时期的税制

春秋时期的各国赋税制度改革，具有十分重大的意义：

一方面，随着春秋时期经济关系的新变化，促使了奴隶制的逐渐走向解体，这就为封建制度的相继出现奠定了物质基础，保护了新兴地主阶级的合法权益。

另一方面，改革成果标志着一种新的赋税制度正在形成。

春秋时期，各诸侯国的社会经济显著发展，荒地大量开垦，私田数量不断地增加，收获量也快速增涨，井田制开始崩溃。

井田制是奴隶社会国家财政收入的重要计算单位，井田制的废弛，标志着奴隶制开始瓦解。随着诸侯、卿大夫势力开始扩张，齐国、晋国、鲁国等国对国家财政提出了新的要求，分别对赋税制度进行改革，形成了春秋时期的税制改革浪潮。

春秋时期的赋税制度改革，首先在齐国进行。齐国是东方的一个大国。公元前685年，齐桓公即位，任用管仲改革内政。其中，属于田制、田赋方面的改革是实行"相地而衰征"。即根据土地好坏或远近分成若干等级，按等级征收田赋。

"相地而衰征"的意思是：按劳动力平均分配全部耕地，包括公田；在此基础上，实行按产量分成的实物地租制。总之，每亩土地的租额，按土地的好坏和产量的高低而有轻重的差别，就是"相地而衰征"的含义。

平均分配全部耕地就是把地分配给农户耕种，变集体劳作为分散的一家一户的个体独立经营。分地以耕，农民深知产量的多少，直接关系到自己收入的多寡、家庭生活的好坏，故能由不情愿的被动劳动

变为自觉劳动，大大激发了生产者的积极性、创造性和责任心。

按产量定地租，就是按土地质量测定粮食产量，把一部分收获物交给政府，其余部分留给生产者自己。据《孙子兵法》佚文《吴问》所记载的什伍租率，大概反映了齐国政府与农民"分货"的比例。也就是说，齐国农民所上缴的部分与所留部分都应各占一半。

管仲的做法是：按土地的肥瘠、水利的丰枯等条件给土地分等，从而确定租税额。比如，高旱地和低湿地的租税额要减去几成。

通常情况下的"常征"，就是按照标准土地的产量，按照对半分成的比例来计算租税额。但对于次等土地的租税额，就按标准土地的标准产量对半分成后，再从政府所得的一半中减去几成。这样征收租税，不论是丰年还是歉年，农民都会为多获的收入而自觉劳动。

"相地而衰征"以实物税代替了劳役税。劳役税是劳动者集体以无偿劳动的形式缴纳，农民没有生产积极性，更谈不上发挥创造性了。而由实物税取代劳役税，情形就不大一样了。

实物税是一家一户分别缴纳的，而且税额在一定时期内相对比较稳定，多产多得，耕作者为增加产量就会起早贪黑，尽力耕作。

齐国通过"相地而衰征"，使实际计缴的税款占相对应的应税销售收入的比例大体均等，从而调动了生产积极性，也有利于缓和阶级矛盾。

同齐国改革财政的同时，晋国也进行了改革。

公元前645年秦晋之间发生战争，晋惠公被俘。晋国在大臣的主持下"作爰田"，即把休耕地卖给大家，以获得民众的欢心，争取有更多的人服军役。这种办法，开创了以后按军功给田宅的先例。

公元前594年，鲁国正式推翻过去按井田征收赋税的旧制度，改行"初税亩"。即不分义田、私田，凡占有土地者均必须按亩交纳土地税。井田之外的私田，从此也开始纳税，税率都为产量的百分之十。与此同时，在认可了土地私有的前提下，凭借国家政治权力向土地所有者征收的税赋。

鲁国"初税亩"改革，是夏商西周三代以来第一次承认私田的合法性，是一个很大的变化。"初税亩"的实行承认了土地的私有。也就是说，初税亩更接近于现代的税收。所以大多数研究者倾向于把鲁国的初税亩作为我国农业税征收的起点。

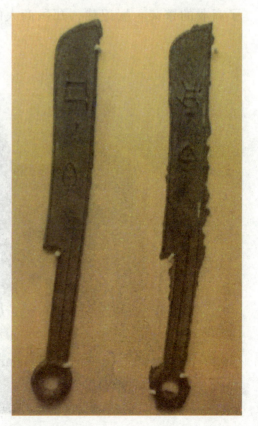

公元前590年，鲁国对军赋的征收也做了相应的改革，实行"作丘甲"。即即一丘之田要出过去一甸之田的军赋，丘中之人各按所耕田数分摊。

公元前483年，鲁国季康子又实行"用田赋"，军赋全部按土地征发。

公元前538年，郑国实行"作丘赋"，即按田亩征发军赋，一丘出马一匹、牛3头。

公元前548年，楚国令尹子木对田制和军赋进行了整顿。根据收入的多少征集军赋，从而打破了奴隶社会旧军赋的限制。

公元前408年，秦国实行相当于鲁国"初税亩"性质的"初租禾"，就是在法律上承认了土地占有者对所占土地拥有所有权，使大批占有私垦田地的地主和自耕农成为土地的合法主人。

春秋时期，在各个国进行赋税制度改革的同时，也对交易方式进行了改革，对部分商品实行专卖。

在当时，随着农业的发展，手工业生产得到进一步扩大，也促进了商业的繁荣。据记载，郑国商人的足迹，南至楚，北至晋，东至

齐，即是说，活动的范围包括黄河、长江流域；越国有大夫范蠡弃官经商，成为巨富，号称"陶朱公"。这时，商人的财力，能和诸侯分庭抗礼。

各国为了稳固统治，有必要限制贵族特权，平衡负担，减轻税负，主要目的还在于集中财力，富国强兵，以成霸业。所以在对田制、田赋征收进行改革的同时，一些重要物资的生产和经营也由政府控制起来。

春秋时期的专卖政策，以齐国管仲施行得最早，最彻底，也最有效。对于盐铁实行专卖，管仲认为，食盐是日用必需品，一家3口人，一月需盐10升左右；经过粗略估算，万乘之国吃盐的人达千万，如果每升加两钱，一月可得6000万钱，这比征人口税多一倍，可见把盐管起来财政收益是十分大的。

而且，实行专卖，国家收入多而民不会受惊扰。如果用加税的方法，则会引起人们普遍不安，对国家安定反而不利。

管仲认为：有效地控制对外贸易，不仅是获取高利，抑制豪商乘时牟利兼并的手段，同时也是保护本国财物不致外流的重要方法。

因此，齐国食盐专卖的具体做法，是民制与官制相结合。在农闲时节，国家命民制盐，由国家包收，储存。在农忙时节，农民转入农

业生产。等到盐价上涨至10倍之时，再由国家运到梁、赵、宋、卫等不产盐之国去销售，则国家获利丰厚。

铁也是人们的生活必需品，管仲设想：每根针加价一钱，30根针加价的收入就可等于一个人一个月的口税；一把剪刀加6钱，5把剪刀的收入也等于一个人的人口税；如果一个铁制耜农具加价10钱，则3个耜的收入等于一个的人口税。以此相论，管仲认为，专卖利益胜于课税。

管仲认为五谷不仅是人们生活不可缺少的东西，在社会经济中，还占着支配地位。所以，管仲主张国家应通过征税、预购等方式掌握大量的谷物，借以作为财政收入的重要来源。

对于山林出产的木材，包括薪炭林和建筑用材林，管仲也主张由国家进行控制，因为山林薮泽是国有的。通过定期开放，限制采用，征收税收，从而达到增加财政收入的目的。

为了壮大本国经济实力，管仲对食盐、黄金、谷物等重要物品，也主张由国家控制，等这些物价上涨后，然后抛售出去，坐取几倍的厚利。

为了保证专卖政策的推行，国家下令禁止随意开采资源。对违禁者，规定了很重的惩罚措施。

他通过推行"官山海"的政策，即设官管理山海及其他重要物资，使国家掌握了人们生活的必需品，使财政收入有了稳定、可靠的来源。

国家掌握了具有战略意义的粮食和盐、铁，不仅打击了富商大贾投机兼并活动，维护了统治阶级的利益；同时为齐国加强军备、称霸诸侯奠定了物质基础。

上述这些改革充分说明，奴隶社会的赋税制度，已不适应社会生产力发展的需要，它在各国已经开始崩溃。国家承认土地私有，新的生产关系的形成，井田制的开始崩溃，意味着在奴隶制度上打开了一个缺口。随着新的封建生产关系的形成，一种新的、适合封建生产关系需要的国家赋税制度开始形成。

拓展阅读

齐国大夫鲍叔牙和管仲的友情很深。

管仲曾经表述过：

我曾和鲍叔一起做生意，分钱财，自己多拿，鲍叔牙却不认为我贪财，他知道我贫穷啊！我曾经多次做官，多次被国君辞退，鲍叔牙不认为我没有才能，他知道我没有遇到时机。我曾经多次作战，多次逃跑，鲍叔牙不认为我胆怯，他知道我家里有老母亲。我曾经被囚受辱，鲍叔牙不认为我不懂得羞耻，他知道我不以小节为羞，而是以功名没有显露于天下为耻。生我的是父母，最了解我的是鲍叔牙！

战国时期的税制

战国时期农业和手工业的发展，要求在更大范围内，承认私田的合法性，允许土地自由转让和买卖。

耕作技术的推广和应用，不仅是农用动力的一次革命，而且有助于农业劳动力的解放，同时提高了耕作效率。

战国时期的变法，改变了旧的征税办法，整顿了赋税制度，增加了国家税收收入，为各国壮大实力参与群雄竞争打下了良好的基础。

战国时期各诸侯国变法运动的主要措施，往往都是与社会其他方面特别是经济方面的改革同时进行的，而赋税改革始终处在整个社会改革的核心位置。

如废井田与土地租税制度的建立，以及重农抑商政策的目的与商业手段融为一体，都属于赋税范畴，充分体现了各国政府的税收意图，含有赋税改革的内容。

战国时期，各国赋税制度不一，不能一概而论。当时参与赋税制度改革的，有魏国、楚国、秦国、赵国等诸侯国。各国的改革各有成就，也各有特色，在我国赋税史上书写了一段非凡的篇章。

魏国在魏文侯即位后，先后任用李悝、翟璜、乐羊、西门豹、卜子复和段木干等一批封建政治家、思想家进行社会改革。其中，比较突出的是公元前406年李悝所进行的改革。

李悝主要经济政策有："废沟洫"、"尽地力"、"善平籴"。这3项政策与赋税的关系最大。

"废沟洫"，就是废除井田制，实行土地私有制，将土地分给农民耕种。

确立土地私有制之后，李悝开始"尽地力"。具体来讲，就是政府依据土地的肥瘠程度，按等级把土地分配给农民，每个农民可分好田100亩或次田200亩，授田的农民要向政府缴税，负担劳役。

李悝认为,通过勤劳种田,能使一亩地增产3斗粮食,百里见方的地区就可增产粮食180万石。这是一个十分好的措施。他还发展农田水利事业,改进耕作技术,以充分调动劳动者积极性。

这样,土地潜力得到挖掘,农业发展了,以农为本的国家赋税随之增加,国家财政也就充裕了。因此,他要求农民努力耕作。

李悝还专门设置农官教育和监督农民种田,对增产的人进行奖赏,对减产的人进行处罚。

由于土地私有的出现,也造成了贫富不均的情形。这主要是商品货币关系的发展,商人对粮食价格操纵的必然结果。商人操纵粮食价格的方法是贱价向农民买入,高价卖给人民,因而伤害了农民的生产积极性,农民产生了不愿意再耕作的思想。

因此,李悝又实行了一种"善平籴"。即由国家控制市场,防止粮价受价格波动的影响。

"善平籴"的做法是:把好年成分为上中下3等,灾年成也分为上

中下3等。

丰收年按年成的丰收情况，政府收购多余的粮食。歉收年则按歉收的程度，政府拿出收购的粮食平价卖出。上等歉收年卖上等丰收年收购的粮食，中等歉收年卖出中等丰收年收购的粮食，下等歉收年卖下等丰收年收购的粮食。这样，遇到饥馑之年，商人也不能抬高粮价了，农民也就有心思继续耕作了。

我国古人很早就懂得利用价格杠杆进行宏观调控。李悝的

"善平籴"取得了很好的效果，使魏国的经济得到迅速发展，政权得以巩固，成为战国初年最强盛的国家。

在楚国，旧贵族势力较大，在改革过程中，地主阶级同奴隶主贵族势力的斗争十分激烈。公元前383年，楚王下令求贤，执行变法。公元前390年左右，吴起由魏入楚，主持变法。

楚国的赋税制度，主要包括军赋、田税、地租、户口税和关市税等几种形式。

军赋以加强国家军事实力为目的；田赋则以增强国家经济实力为旨归；地租制度一开始便与中原诸夏不尽相同，至战国中期，已成为新兴地主阶级向农民转嫁自己沉重赋税负荷的重要手段；户口税是以户为征税单位，以口为收税标准；关市税的特点是向巨商大贾倾斜，

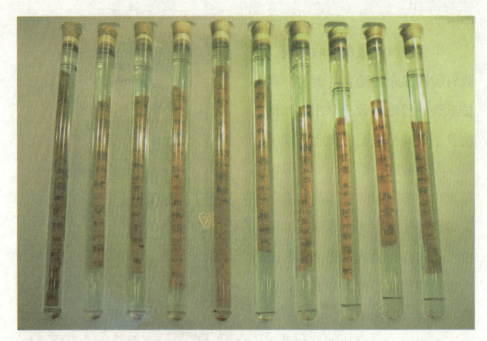

这是楚国为刺激商品经济的发展而采取的让利政策。

当时的楚国，由于贵族掌握了国家的政治经济大权，对新兴地主阶级十分不利，为此，吴起强令把贵族迁到边远地方去，以充实荒远之地。他还提出"损有余，补不足"的措施，节省和合理国库资财。

"损有余"是革除一些世袭封君的特权，精简政府机构，把无能的、无用的和不急需的官裁减掉；"补不足"是把节省下来的钱用于扶植地主阶级。至于迁徙贵族，既收回了他们原有的封地，又有利于土地的开发，这对财政有好处。

秦国早在秦简公时就实行了"初租禾"，秦孝公即位后，任用商鞅进行变法。在改革中，商鞅的主要经济措施就是废除井田和奖励耕织的政策。

"废井田、开阡陌"是商鞅在经济上推行的重大举措。"开阡陌"就是把标志土地国有的阡陌标记去掉，废除奴隶制土地国有制，实行土地私有制。从法律上废除了井田制度。

这项法令规定，允许人们开荒，土地可以自由买卖，赋税则按照各人所占土地的多少来平均负担。此后秦朝虽仍拥有一些国有土地，如无主荒田、川泽及新占他国土地等，但后来又陆续转向私有。这样就打破奴隶制的生产关系，促进了封建经济的发展。

商鞅推行重农抑商的政策。这一政策规定，生产粮食和布帛多的，可免除本人劳役和赋税。因弃本求末，或游手好闲而贫穷者，全家罚为官奴。商鞅还招募无地农民到秦国开荒。

为鼓励小农经济，商鞅还推行小家庭政策。规定凡一户有两个儿

子，到了成人年龄必须分家，独立谋生，否则要出双倍赋税，禁止父亲与成年的孩子继续在一起生活。这些政策有利于增殖人口、征发徭役和户口税，巩固封建统治的经济基础都有重要意义。

商鞅还把山林川泽收归国家所有，按土地多少征收赋税，按人口征税，增加了国家的经济实力；按人口征兵，也有利于建立国家武装

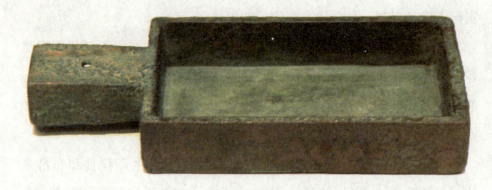

力量。

此外，为了便于经济交流和便于国家征税，商鞅还统一度量衡的标准。商鞅变法为秦朝最后统一奠定了基础。

与秦国商鞅变法后实行重农抑商的政策不同，赵国一贯推行农工商并重的政策，允许民营工商业的发展，允许集市贸易的开设，国家则依法收取工商税。这样，既活跃了市场，发展了经济，国家也可充实府库，积累财富。

赵国在军队驻扎的地方还设立"军市"，任民买卖而收取租税。军市上征收的市租可供军官与军队享用，士兵可以在军市上买到生活日用品，同时对军市也有管理的种种规定。

为了贯彻实施经济政策，赵惠文王任命赵奢为田部吏，就是负责收取农业租税的官员，以整治某些宗室贵族依仗权势不缴租税的腐败状况。

踌躇满志的赵奢不断大刀阔斧推行税制改革，杜绝大户的各种偷漏行为，减免一般百姓苛捐杂税，几年工夫，使赵国出现了民众富庶国库殷实的喜人局面，并跻身"战国七雄"的行列。

事实上，战国时期各国财政改革对公室贵族等守旧势力的打击很直接又沉重，打击越是直接沉重，旧势力的仇恨反扑越厉害。比较严重的是商鞅改革时遇到的阻力。

在当时，正当大批秦国百姓聚众国都质疑商鞅新法的紧要关头，当时的秦国太子嬴驷在其老师公子虔和公孙贾及旧贵族甘龙等爪牙的鼓动纵容下犯了法。这件事不仅是蓄意的，而且明显极富挑衅，被新法触犯了既得利益的旧势力希望借此给商鞅施加压力，使其退却。

事态很严重，商鞅即刻准备处罚太子，但太子是君王后嗣，不可施刑。于是，商鞅刑便惩罚了太子的老师公子虔和公孙贾。

这件事说明新旧两派已进入"火拼"阶段，太子背后的旧势力不惜让太子以身试法，可见旧势力的强大和孤注一掷。但商鞅不惜与太子结仇，不避权贵实行铁腕严刑镇压，震慑了权贵和百姓。这件事平息下去，各处反对派旧势力都不敢触犯新法了。

纵观战国时期各国变法的方方面面，都会通过赋税的征收、力役

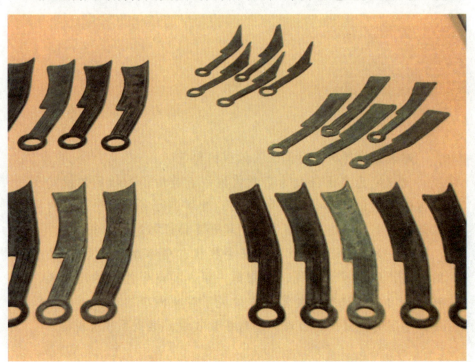

的负担、国家资源的管理、军费和俸禄的供给，甚至物资的流通和价格的调整等反映到财政上来。

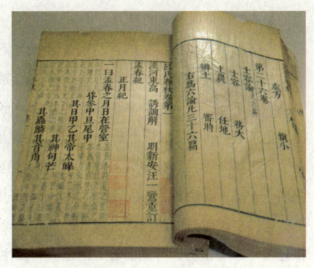

因此，赋税改革必然成为各朝各代政府图新图强的核心改革。而改革家们那种锐意改革的精神，成为我国古代赋税改革留给我们的宝贵精神财富。

拓展阅读

赵奢是战国时期赵国依法治税的典范。

他被赵惠文王任命为负责收税的官员后，上任不久就发现赵国老百姓的税都能很快收上来，但豪族巨富们偷税漏税的问题却很严重。于是，赵奢与他们展开了针锋相对的斗争。

有一次赵奢到一个富户家去收税，管事的家人仗着主子的大名，硬是不肯交税，还指挥一帮人和赵奢他们对抗起来。赵奢及时依法进行了处置，并处死了带头闹事的家人。从此以后，赵国的税赋公正合理，适时按量收缴，谁也不敢抗税了。

赋役成制

秦汉至隋唐是我国历史上的中古时期。这一时期，是古代中国各项制度创立的重要时期。在国家统一，南北经济交流频繁的情况下，从秦汉建立的系统的赋税制度，至三国两晋南北朝时期国家推行的有利于发展经济和巩固政权的赋税制度，充分体现了各个的王朝财政思想和治国方略。

这些赋役制度的建立，有利于开垦荒地，保障了国家赋税收入，巩固了政权，是我国赋税制度的重大改革和进步。

秦代完整的税赋制度

秦始皇统一天下后,为了巩固国家的统一,采取了一系列重大措施,来健全和巩固新建的政权。其中重要的一项措施,就是在原有赋税制度的基础上,对赋税制度进行改进。

秦代建立的赋税徭役并行制,是以田租、口赋和其他杂税为三大支柱,并辅以徭役制度等,共同构成了完整的秦代赋役制度。这一制度的确立,对当时和后世产生了十分深远影响。

随着社会生产力发展和地主制经济确立，早在战国时期，各国就已普遍实行了田租税的征收。

秦代的赋税制度改革始于秦简公时的"初租禾"制度，至商鞅变法时，已有"田租"、"口赋"的名称。所以汉朝的董仲舒在追述商鞅之制时，已是"田租、口赋"并提。

秦的田租之制，就是以田亩为依据的土地税。秦代的土地制度，虽然经过商鞅变法，使封建地主土地私有制加以了法典化。但是，当时的国有土地仍然占着相当大的比重。

对此，秦代采取了3种具体做法：一是酌量农民一年收获粮粟的多少来确定田租的租额；二是以"百亩"作为征收田租的一个计算标准。也就是说，政府在征收田租时，是以一户有田百亩进行计征的；三是以一户有田百亩的假设，按每户征收。

后一种做法其实就是"户赋"。因为它虽然是基于"地"，但又与"户"有关。田亩是约数，人户是实数。那些有田百亩的人，固然要按亩纳租。而不够百亩田的农户，同样要交顷田之租。

因为在这以前，政府控制的人口越来越少，而政府的财政支出越来越大，不得不对其控制的有限人口加重赋税。

当时的田租税率和征收办法，据《汉书·食货志上》上说，是

"收泰半之赋"。"泰半"的意思就是三分取其二。"赋"的意思当是指田租而非口赋，因为只有田租的征收才有按田亩产量计算出来的"泰半"的比例，其他租税是无所谓"泰半"的。

与田租并行的还有刍稾税。刍稾一般指喂养牲畜的草饲料，刍为牧草，稾为禾秆，均为供马、牛饲料之用。刍稾之征，不始秦汉，先秦之时已有。刍稾税是基于人户和田亩征收的。秦代已经开始征收刍稾税。

秦代刍稾的征收办法与数量，刍稾一般以束或重量单位计算。大约刍每束值1.5钱至3钱，稾每束值一两钱。刍稿税可用钱折纳。当时谷价每斛值100钱，照此推算，当时政权所征收的田租与刍稾税之比约为50：1。

在当时，秦代的刍稾税也是按照"授田"数量征收的，不论垦种与否都得交纳；征收的数量是每顷田交刍3石，稾两石；采用实物交纳，凡干叶和乱草够一束以上者，均可作为"刍"税提交，但上交时必须过秤，以重量计算。

租谷及刍稾征收后，必须入仓并及时向县衙门报告粮草的石数，并有严格的"出入仓"规定等。

农业是封建社会的主要生产部门，秦代政府向土地占有者包括地主和自耕农征收的田租，是当时赋税收入的最主要部分。

　　秦的口赋之制，就是以人口为课税对象的赋税，又叫"头会"。因为"赋"是按人口征收，所以它本质上是人口税或人头税。

　　商鞅创设口赋的原因，一方面，是出自当时的政治形势。商鞅的变法，建立起了一套官僚机制，使得政府的运行费用大大增加，而且所实行的郡县制，使得原来属于诸侯的行政费用开支，一下子成为政府的开支。再加上当时的军事形势，军费开支定会越来越大，所以商鞅不但没有放弃田赋，而且还加上了人头税，以此增加财源。

　　另一方面，是出自经济上的政策。按人口收税，无论农民或工商业者，都得同样负担，这就扩大了政府的财政收入，为政权的巩固奠定物质基础。

　　秦代口赋的征收形式，一般为政府不收谷只收钱。在少数民族地区，口赋征收可以用谷和布帛折纳，但还是以钱计算，而内地则一律口赋纳钱。

　　这一政策的制订，是因为国家需要大量粮食储备，还有像布帛这样的战略物资。从这一点看，谷和布帛应该可以直接交纳。

　　秦代除了田租和口赋，还有其他的杂税，包括关市税、商品税和山海池泽之税等。这些税收制度的建立，使得秦代的税制更加完善了，也起到了维护国家利益的作用。

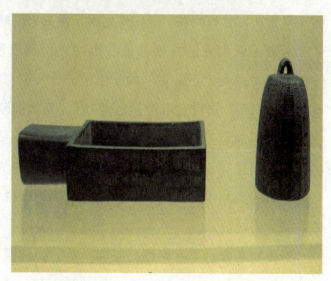

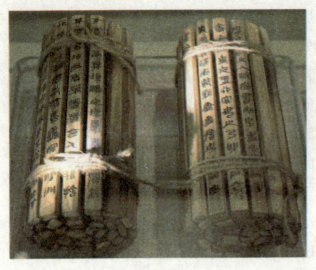

秦代关市税中的"关"，为关口要道。设"关"之制，早在先秦文献中已有很多记载。设"关"的作用，开初主要是讯察、稽查行旅，后来便逐渐有了关税之征。

据《汉书·地理志》：秦时的关卡主要设在内地的关口要塞和周边各族的交界地区。当时在各地设置关卡，既有其政治、军事上的意义；同时也有其控制商贾、征收关税的经济目的。

秦代在商鞅变法时，就有关税的规定。此外，云梦秦简的《秦律十八种》中还有专门的"关市"律。秦代征收关税已成制度。

秦代关市税中的"市"，在秦孝公迁都咸阳，就在这里设置了固定市场，所以才有商鞅"立三丈之木于国都市南门"之说。

随着民营商业的发展，征收市井之税就出现了。《商君书·垦令》还有"市利之租必重"的立法精神。所谓"市利之租"，实可简称为"市租"。可见"市租"之制实始于秦国商鞅变法之时。

结合秦时存在严格的市场管理以及商贾另立"市籍"等措施来看，秦时确有"市租"的征收，而且是课之于商贾的贸易税。

秦代的商品税是以商贾和他们的货物为课税对象的税，包括盐、铁、酒、肉之税。

据史料考察，早在秦穆公时期，对盐商的课税就开始了，只是未及于所有商品，只限于盐、铁、酒、肉等民用所必需的商品。至商鞅变法时，商品税的征收，已扩大到了酒、肉、铁等商品。

《商君书·垦令》记载："贵酒、肉之价，重其租，令十倍其朴。"这不仅表明酒、肉等商品已有"租"，而且其租重到10倍于其成本。其目的在于减少商贾从事酒、肉贸易的量和使农民不宜饮酒作乐，借以发展农业。

除酒、肉外，还有对铁的课税。秦惠王时，命人在现在的成都"置盐、铁市官及长丞"。《史记》作者司马迁之祖司马昌，曾为秦代铁官。这些事实，说明秦已有官营盐、铁之制，不仅课取盐、铁的商品税而已。

秦代的山海池泽之税，包括范围至广。由于奴隶社会普遍实行国有土地制，至秦代国有土地制虽在逐步崩溃之中，但还有相当残留。因此，"山海池泽"，一般被视为封建国家所有。

所谓山泽之利就其广义而言，凡名山大泽的土特产、木材、鱼类、飞禽走兽以及地下矿藏如盐、铁等都包括在内。但狭义而言，则仅指入山伐木、采薪、放牧及下水捕鱼、采珠之类。因此，山海池泽之税可以简称为"渔采畜牧税"。

秦时史籍，没有说明山海池泽之税的具体内容及征收方法和税率等。云梦秦简的《田律》规定，百姓不准砍伐山林，不许采取植物的嫩芽和不准捕捉幼兽、幼鸟及毒杀鱼鳖、捕杀鸟兽，也许正是为了征收山海池泽之税的缘故。

秦代的杂税也是税收的重要部分。随着秦代农业和手工业的发展，商业的兴起和社会的繁荣，杂税收入在国家赋税收入中日趋重要，也是国家赋税最主要的来源。

拓展阅读

秦始皇统一天下后，很快推行了一整套维护统一封建帝国的改革措施，对政治、经济、文化的统一和发展起到了巨大的作用。

他认为必须由皇帝来掌握全国的政权，不能再像西周那样分封诸侯，致使最后朝廷无法控制。

于是他废除了自商、周以来的分封制，实行郡县制，在朝廷设三公九卿，帮助皇帝处理宗庙礼仪、司法、外交、财政等朝廷大事。还对各级官吏进行很严格的管理。这样，从朝廷到地方，一切权利均集中于皇帝，大大加强了君主集权制。

汉代体系化税赋制度

汉代的赋税制度具有历史的继承性，它是自春秋晚期以来至秦代封建性赋税制度的延续和发展。

汉代在制订赋税制度时，不仅吸收了以前的赋税制度的基本内容，而且又顾及了汉代初期的现状。

汉代制订了具有新内容和新特点的赋税制度，为恢复和发展生产，缓和阶级矛盾，巩固封建国家政权，发挥了应有的作用。

漢高祖劉邦

屯田兴农

汉代的赋税主要是田税、口赋和杂税。与此同时，汉代还根据当时的社会现状，开创性地制订了敬老养老的赋税政策。

田租是汉王朝政府财政的主要收入之一。主要用做百官的俸禄、祭祀，皇帝的生活资料和其他某些用度。

西汉初年，汉高祖刘邦实行减轻田租的政策，实行"十五税一"之法，即政府从农民总收入中征收十五分之一。不久，因军费开支浩大，似乎又改成"十一之税"，到惠帝刘盈时，才又恢复"十五税一"。

后来，有时免除一半田租，变成"三十税一"，遇到荒年，又全部免征。汉景帝时，正式规定"三十税一"，从此成为定制，终两汉之世基本未变。

古代文献把汉代政府收入的田租，有时又称作"谷租"、"租谷"、"菽粟"，可见它是实物并不是货币。政府按照不同地区、不同土质、不同年景，定出不同的通产量，以此为标准来征收田租。

汉代还有一种与田租并行的税收项目，这就是刍藁税。这和秦代的刍藁税基本相同，也是征自土地，而且和田租同征、同减、同免。由于刍藁笨重，运输不便，有时也用货币代替实物。

两汉前期减田租的措施，对大量自耕小农起到了保护作用，有一定的积极意义，因而也收到了促进社会生产力发展的效果。

汉代另一类重要赋税是"口赋"，是国家财政收入的又一重要来源，主要充作军费和对有功人员的赏赐。口赋就是人口税，其中分为"算赋"和"口钱"两种。

从西汉初开始法令规定：人民不分男女，从15岁至56岁期间，每人每年必须向政府纳一"算"钱，称"算赋"。当时的一算是120钱。商人和奴婢要加倍交纳，每人年征两"算"。

汉惠帝为了改变秦末汉初以来人口锐减、土地荒芜的局面，特别奖励生育，规定女子从15岁至30岁还不出嫁，就要征收五"算"。

汉代称未成年的儿童为"小男"、"小女"，他们的人口税叫做"口钱"。口钱从3岁起征，直至14岁，每人每年交纳20钱，汉武帝时增加3钱，成为23钱。汉元帝又改为从7岁起征口钱，至20岁才开始征收"算赋"。

除了以上两类赋税以外，汉代的杂税其实涉及了汉代赋税的管理体制。

汉代皇室的费用，主要取自山、川、园、池、市肆的租税，被称为"工、商、虞、衡之

入"。这些收入，原则上由少府管领，供皇室享用。

汉代的少府，规模和职权范围又远非"山虞"、"林衡"所能比拟，它的属官如主膳食的太官和主饼饵的汤官等，主管盐铁、海租、假税、工税、市租方面的税收。

盐、铁是人民生活和生产的必需品，量多税高，收入自然不少。正因为它重要，所以汉武帝时，为增加国家财政收入，实行盐铁由政府垄断经营，于地方各郡县设盐官或铁官经营盐铁产销，增加了国家财政收入，对改进与推广先进技术也起到了积极作用。

假税是租赁之税。政府把控制的公田苑囿租给人民耕作。当时出租的公田，有太仆所掌管的牧师诸苑草地，水衡都尉所掌管的上林苑闲地，少府所掌管的苑囿园池之地，还有大司农所掌管的大量熟地。

汉代开创的敬老养老赋税制度，涉及社会、政治、经济、文化和司法等领域，内容包括王杖制度、赐米制度、免老制度和睆老制度。

王杖制度又称赐杖制度。这一制度规定，免除老人的赋税差役负担。王杖持有者如使者持节，官吏或他人不得擅自征召、辱骂、殴打持杖者，否则处以极刑。同时，把免除差役的范围扩大到持杖老人的家庭成员。即对于抚养这些老人的人，政府也免除其赋税徭役。

经济上给予持杖老人一定的优待，对持有王杖的老人从事经商活动免除市税。

赐米制度规定，90岁以上高龄老人可以享受赐米，不过只有大夫及大夫爵位以上的90岁老人才享受赐米，而低级爵位乃无爵位者需要更高年龄才受赐米。

汉文帝时，对赐米制度的对象、年龄和内容等方面进行了改革，据《汉书·文帝纪》记载，90岁以上赐米制度，被放宽为80岁以上者即可享受赐米一石、肉10千克和酒5斗的待遇；而90岁以上者则在享受赐米一石的基础上，增加赐帛两匹、絮1500克。至东汉时，赐米者的年龄被进一步降低，《续汉书·礼仪志》表明，东汉70岁的老人就被赐米了。

免老制度又称"徭役免老"，是对达到年龄标准的编户民众，即被政府正式编入户籍的自耕农、雇农等免除徭役。

皖老制度是汉初养老制度中的另一项内容，即将年龄较高又未及免老者，定为皖老，其享有的优待政策，一是减半服徭役；二是皖老

者之子可免于参加运粮的差使。当时皖老者由于没有达到"免老"标准，所以仍须服徭役，但皖老者所服徭役的劳动量是同爵位正常服役者的一半。

汉代"赐杖"、"赐米"、"免老"和"皖老"4四项赋税政策表明，汉王朝能面对社会形势的发展和变化，顺应历史潮流，推动了汉代社会的精神文明建设，在我国封建社会初期，具有开创意义。

拓展阅读

公元前121年秋天，匈奴的浑邪王、休屠王决定投降汉朝。汉武帝担心他们诈降，命令霍去病率军迎击。

匈奴人见到汉军，他们中的大多数人并不想投降，于是霍去病骑马闯入匈奴军营与浑邪王相见，迫使浑邪王所部渡河降汉。汉武帝大喜，赏赐了有功将士和匈奴降众数十亿钱，并封浑邪王为漯阴侯，食邑万户，封其部下等4人为列侯，加封霍去病食邑1700户。

由于这两部的投降，汉武帝同时减去陇西、北地、上郡一半的戍卒，以减轻天下的徭役。

三国时期的税赋

在三国时期，出现了部分在当时行之有效的税赋制度，比如曹魏的屯田、户调制等，东吴的租、赋、算、税四大类，蜀汉的口赋、算赋等，还有因战事而确定的徭役性世兵制度等，所有这些，都比汉代有了一些显著的变化。

其中，屯田制是作为一种新的生产方式出现的，它解决了前代社会所创造出来而又无法解决的矛盾。

东汉末年，各封建割据势力连年征战，出现了"用无常主，民无常居"的现象，在这种情况下，政府难以掌握确实的户籍，若仍按汉代赋税制度征收算赋和口赋，评定田地产量，显然已很难办到。

此时，曹操已收编黄巾军余部30万人，占据中原腹地，"挟天子以令诸侯"。粮食问题的解决迫在眉睫。当时的历史条件是，许城周围有大片荒芜的农田，而且黄巾军一般拖家带口，还带有许多耕牛。于是，曹操于196年颁布了《置屯田令》，开始大规模屯田。

曹操的《置屯田令》规定："持官牛者，官得6分，百姓得4分；私牛而官田者，与官中分。"虽然百姓地租负担较重，但较为安定的生产和生活，仍能被当时百姓接受。这一制度解决了军粮问题。

为了保证长久调动农民生产的积极性，曹操开始着手进行赋税制度改革。

204年，曹操发布了著名的《收田租令》，规定"其收田租亩4升，户出绢两匹，绵两斤而已"。这一改革实现两大突破，即把汉代的定率田税改为定额田税，把人头税改为按户征税。

汉代田税曾经三十税一，一亩必须缴粮5升以上。而曹操的改革不论产量高低，一亩只缴4升，田税不与产量挂钩，增产不增税，提高了农民种田的积极性。流民纷纷归田，农业生产得以恢复。

汉代"人头税"算赋、口赋是按人头缴纳的，百姓要卖掉产品换钱缴税，时常受到商人盘剥。但曹操采取了户调制度，收到了很好的效果。

根据与口赋、算赋制，家庭的人口越多，交的税费就越多，若税费太重或不合理，就会限制人口增长。而户调制只规定一个家庭所交的税费，不管人口多少，而家庭如果人口多，则劳动力就多，收入就会增加，自然刺激家庭想方设法增加人口。

曹操还规定除百姓纳税外，一般豪强地主也要缴纳田税、户调。同时，注重加强管理，规定正税

之外，其他不得再进行征收。

曹操具有鲜明的赋税负担均平思想。他在《收田租令》开篇即强调："有国有家者，不患寡而患不均"，指出不可放纵豪强兼并，转嫁赋税负担，使百姓贫弱。

他将税负是否均平的问题提到治国强兵的高度，认为如果人民负担过重，贫富相差悬殊。他明确规定，赋税的承担者不仅是普通百姓，一般的豪强地主也要按照土地顷亩和户口分别缴纳田租户调，不可以使他们有所隐藏。

曹操还主张加强赋税的征收管理。实行租调制的法令颁布后，曹操强调依法办事，严格贯彻租调制。他不仅带头守法，向国家缴纳赋税，还大力支持地方官员依法征税，打击违法的豪强，并重用严于执法的官员。

曹操赋税改革使魏国民心归服，军队衣食充足，成为三国鼎立中实力最强的国家。

东吴赋税制度总体上继承汉制，但对汉制又有所创新。根据其征收标准和征收物不同，可分为租、赋、算、税四大类。

"租"主要为田租，按田亩多少与产量高低相结合的办法分等级征收，以实物缴纳为主；"赋"主要有算赋、更赋，计口征收，所纳多为钱币；"算"主要有算缗、算赀、户赋，主要是对商人、手工业者、居民等征收的财产税，多按财产的多少分等征收，用钱币缴纳；"税"主要有关税、盐铁税或专卖、酒税或专卖、市税等杂税，一般按货物的数量多少征税，以征收钱币为主。

东吴对年龄高者的家属、残疾者，当发生天灾、帝王登基等情况时减免赋税，这些减免措施或多或少减轻了人民的负担，促进了农业和经济的发展。

拓展阅读

曹操在执法方面不徇私情。

曹洪是曹操的堂弟，家产万贯，他始终追随曹操建功立业。长社县令杨沛在组织租调制的实行时，支持曹洪的长社县的宾客拒不缴纳田租、户调。杨沛依法办事，断然把那些违法不交税的宾客"收而治之"。

曹洪得知这一情况后，急忙去找曹操，要求惩办杨沛。但杨沛毫不畏惧，并依法诛杀了抗税不交的宾客。

曹操听说这件事后，并不因为曹洪是自己的堂弟而责备杨沛，反而表扬了杨沛，后来还重用杨沛，封其为京兆尹。

两晋时期税赋制度

在两晋时期，社会经济有了进一步的发展。尽管长期处于战乱之中，社会十分动荡不安，但是社会物质生产仍在发展，在这种情况下，西晋在赋税制度上实行占田制，实行户调法。

东晋允许贵族官僚占山，在此基础上形成了富有特色的赋税制度。

两晋时期，社会经济特点是江南迅速开发，中原发展相对缓慢，士族经济和寺院经济占有重要地位，商品经济水平较低，以及各民族经济交往交流的加强。伴随着经济的不均衡发展和军事上的变化态势，这一时期的赋税制度和徭役均体现了与以往不同的时代特色。

晋武帝司马炎灭吴统一中国后，于280年颁布《占田令》，首创"户调制"。此令在占田制的基础上，规定赋税的数额。

所谓占田，是指一般民户可以按人口占有和使用的土地数额，课田是按丁承担租税的土地额。占田并非由国家分配土地，只是允许民户自行垦占，无论占田是否达到法定标准，都必须依照规定的课田数交纳田租。

《占田令》包括占田制、户调制、限田制以及官吏占田荫户制。

占田制也叫占田课田制。它规定：男子一人占田70亩，女子一人占田30亩；其中丁男16岁至60岁为正丁；课田50亩，丁女占田20亩。次丁男13岁至15岁、61岁至65岁，占田20亩，次丁女及老小没有占田。"次丁"是指承担部分赋役的未成年或老年的男女。

在纳税额度上，《占田制》规定：有50亩地者，收租税4斛，即每亩8升。除田租外，还要缴纳户调，丁男做户主的，每年缴绢3匹、绵3斤；户主是女的或次丁男的，户调折半交纳。

《户调制》规定：丁男为户主的民户，每年纳绢3匹、绵3斤，丁女及次丁男为户主者减半交纳。

《限田制》规定：官员一品可占田150倾，以下每低一品减田5项。

官吏占田荫户制规定：第一品官可以占田50顷，以下每品依次递减5顷，至第九品占田10顷。荫庇佃客的数额为，自一品50户至九品一户。

户调法有3个特点：

一是以户为单位，计征田租和调赋，也就是把土地税和户口税合而为一，寓田赋于户税之中，不问田多田少，皆出一户之税。

二是户调所征收的绢绵等实物，只是一个通用的标准，实际上当会按照各地实际出产情况，折合通过标准物计征，不会只限于绢和绵。

三是西晋征收的田租和户调，较曹魏时征收田租提高了一倍，户调提高了半倍。

晋武帝颁布户调式的目的，主要是为了分土地，限制土地兼并，以保证政府的税收和徭役征发。户调式制度的实施，是晋代独具的一

个特色，增强了西晋的国力。

东晋南朝时期，江南得到进一步开发，社会经济有了较大的发展。北方劳动人民不断南迁，既提供了大批的劳动力，也带去了先进的生产工具和生产技术。因为他们是侨人，散居在侨立的郡县中，赋役上与土著居民不同。

这种不同集中表现在户籍上。两晋南朝时称正式户籍为黄籍。因侨人属不定居、无实土之虚悬流寓户口，皆无赋役。因此，黄籍之外出现了白籍。

流民涌向江南，住侨郡，持白籍，免除税役，这就必然要加重江南土著居民的负担，必然要影响政府财政的收入，造成严重的社会经济问题。

土断因而势在必行。土断的主要精神是划定州、郡、县的领域，居民按实际居住地编定户籍，故称"土断"。因为赋役跟随户籍，故而土断的核心是整顿户籍。

东晋的赋税实际分为4段。自晋元帝至晋成帝"咸康土断"与"度

田收租"之前为第一段。这段赋税制仍旧是西晋之制。

第二段自晋成帝"咸康土断"与"度田收租"起，至376年改行口税止，是度田收租制度实行的时期。咸康土断将侨人包括士庶都纳入了黄籍税户之中。度田收租是亩税。

这段税制最大的变化，是取消了王公贵人免税及荫亲属的特权。但他们仍可免役，比如后来376年实施的在役之身可免税政策。

第三段自376年改行口税起，至383年淝水之战后增百姓税米前止。在这段中，东晋除了将亩税改为口税外，还创立了在役之身可免税的制度。

役包括劳役与兵役，正在服役的人可以免除口税，对于农村与军队的稳定，都有一些作用。东晋用以打胜淝水之战的北府兵，都是在免税之列。

第四段从淝水战后增税米起，至东晋灭亡止。这段时间的赋税特征是，税米及布、绢、丝、绵都是以户为单收征收，而且按赀产分等征收田租、户调办法，也就是九品相通。这阶段的一个变化是服役者不能免调。因为形势吃紧，百姓是既要交税，又要服役。

东晋的赋税制度具有以下特点：

一是以实物赋税取代了货币赋税，以户为单位和以丁为单位并重，妇女授田和纳税，适应了大户隐占人口的现实，只能按户征收才有保证。

二是户等的评定采取"九品混通"的办法，即按照资产评定户等，依户等高低纳调，但大户合适。人多丁多，还可依附人口，户调则按一户计算，不是太大的负担。

三是东晋的租调税额取十分之一，率亩税3升。原来是以丁租为主，现改为丁租与亩税并举，按田纳税。但遭到大家族豪强的反对和抵制，后来又实行口税制，依附人口自然不纳税。

拓展阅读

《晋书·陶回列传》中记载，当时谷价昂贵人民饥饿，三吴一带尤其严重。于是朝廷命令听凭人民自由买卖粮食，以此缓解一时的急需。

曾任交州刺史的陶回上疏说：自由贩卖粮食的消息一传开，北方强敌听说后就会认为我们虚弱，会来威胁我们的安全的。陶回建议开粮仓赈济百姓。这一段话透露出朝廷的经济制度的一些信息。

朝廷允许农民把粮食出售给城里人，用卖粮所得购买他们无法生产出的盐、农具等。这就是当时的粮食交易现象。

南北朝时期税赋制度

南北朝时期，战乱期间和各政权杂立期间，赋役制度混乱，制度也不稳定，临时征派的现象非常严重。

但在这个时期，也确实有一些颇有成效的赋役制度。比如南齐税制中有不收粟、帛、杂物而收钱的规定，从赋税发展史来说，它与财产税的出现一样，也是一个很大的进步。北周的纳资代役，可用绢布代替现役，也是历史的进步。

南朝赋役制度，沿袭东晋后期的租调九品相通，但各朝又有所变化和发展。总体上看，赀税和"关市之征"是南朝赋税征收的主要形式。"赀税"就是财产税，即按照民户财产估价总额所征之税。

南齐的税制同于宋代。宋代时的"三调"为"调粟、调帛与杂调"，又名"三课"，一年3次分别征收。但南齐的调粟、调帛与杂调并不就是调实物。不收粟、帛、杂物而收钱。

以三调为形式的财产税，在梁陈时期，基本上维持下来。梁天监初，一度改调帛为"计丁为布"，但后来又有三调。

赀税或者说财产税，适用于士人以外的所有的人户，是南朝最重要的税收。此外，南朝还有一项重要的税收，即关市之税。因为商业交换发达，"关市之征"成为南朝财政收入的必要构成部分。商业及商业有关的税收在南朝税收中占有重要的地位。

关税即关津之税。在南朝有埭、津、渡、桁税。埭税，即牛埭税。南朝于风涛迅险、人力不济之处立牛埭，出租官牛，以助民运。

津为过津税，也称之为津税，四方都有。桁与航同，是浮桥的意

思。南朝建康有朱雀桁渡，为以舟济河。所以桁、渡也有税。

在关、市之税方面，南朝规定"军人、士人、二品清官，并无关、市之税。"这非哪一朝所制，而是南朝的"旧制"。

除此以外，南朝尚有行之于蛮族和俚族的赋税，叫做"赕物"。某些少数民族以财物赎罪称"赕"。还有行之于官吏的赋税，叫做"修城钱"。做官者只要满20天，就要送修城2000钱。此制在南朝一直延续下来。

以上所述南朝赋税，主要的仍是赀税，其次才是关税。由于南朝的赀税已具有财产税的性质，对财产少的人来说，减轻了负担。

北朝的赋役制度确立于398年设置的八部大夫，负责功课农耕，量校收入。鲜卑拓跋部族的"八部"体制，创始于部落联盟时代，当时将王室直接统辖以外的"国人"分成7个部分，分别由其7个兄弟统领，形成拓跋部族的"宗室八部"，诸部之长称为"大人"。宗室八部是拓跋部落联盟的主干力量，也是后来拓跋政权发展壮大的基础。

拓跋政权入主中原之初，基于巩固政权和保持拓跋贵族特权的需要，在职官体制上采取了双轨制：一方面仿行中原汉族王朝的政权结构；一方面继续保留着拓跋部传统的部落组织形式。

此时的八部大夫实为全国的行政长官，并非单单是管理诸部的首脑。北魏的赋法对八部同样适用。北魏建立之初，在赋法上承继晋朝租调九品相通。

485年，北魏孝文帝拓跋宏颁布《均田令》。它规定：把荒地分配给农民，成年男子每人40亩，妇女每人20亩。

授田有露田、桑田之别。露田种植谷物，不得买卖，70岁时交还政府。桑田种植桑、榆树，不需要交还政府，可以出卖多余的部分，买进不足的部分。

奴婢与耕牛也可按规定领种土地，但每户只能让4头耕牛领取土地。授土地时还对老少残疾鳏寡给予适当的照顾。

这样一来，开垦的田地多了，农民的生产和生活比较稳定，北魏政权的收入也增加了。

北齐和北周继续实行均田制。北齐的租调比北魏民调"一夫一妇帛一匹，粟两石"要重。北周在征收上，规定了青年、中年、老年之别，这是赋法上的一个改进。

在均田制外，北朝尚有屯田制。比如北魏就曾进行屯田，田赋上"一夫之田，岁责六十斛"，免其正课并征戍杂役。再如北齐也于缘边城守之地屯田，田赋上无具体规定，只是年终根据收入来定。这是在均田和民调之外的另一种田制和税制。

拓展阅读

北魏孝文帝改革涉及政治、经济、文化等各个领域，范围极其广泛，内容也极为丰富。

改革过程中，他在均田制的同时又颁布了与之相联系的三长制和租调制。均田制使农民分得了一定数量的土地，将农民牢牢束缚在土地上，成为朝廷的编户，保证了地主们的基本利益及土地私有制。三长制是立邻、里、党三长，控制人口，征发赋役。而租调制则相对减轻了农民的租调负担，改善了农民的生产生活条件，从另一方面促进了生产力的发展。

隋代的税赋制度

　　隋代的"轻赋税"是隋文帝杨坚时代的财政征课的基本原则。隋代提高了成丁纳税的年龄，降低了纳税数额，缩减了丁男每年服役的时间，同时还有一些豁免的规定。

　　这些赋税制度，是隋代的重要财政措施，也是对税收理论的重大贡献，更是推动隋代生产发展，经济繁荣的根本原因。隋代赋税制度不仅使人民衣食富足，而且使财政收入到达了封建社会历史未有的丰富时期。

隋文帝杨坚即位后，为了稳定当时的政治局面和加强中央集权制，采取息事宁人的安民政策。在短短的38年中，不仅使经济得到了恢复，而且在封建史上出现了空前的未有的富盛景象。

这一成就的取得，与隋代的均田制以及与之相适应的赋税制度关系极大。

隋以前的朝代虽然实施了均田制，由于不完全具备实施均田制的条件，不与当时生产力状况相适应，对经济发展未能起推动作用，故不能致富。而隋代的均田制很快使其社会稳定、经济发展、繁荣。

这正是隋代已经具备了实施均田制的条件所产生的结果。

均田制作为我国封建社会历史上的最好的土地制度，它的实施必须要具备几个条件：一是要有完善的户籍，因为它是按人计征；二是人口要有增无减；三是开垦的土地面积要大。

这3个条件在隋朝开国后已经完全具备。这样，均田制很快在隋代顺利推行，并产生了良好的效果。

与前朝的均田制相比，隋代的均田制内容丰富。表现为以下几个方面：

第一，它不仅有对一般农民的授田规定，而且还有官吏的永业田、职分田、公廨田的规定。此外，还有丁男、中男授田的规定，笃疾、废疾、老、小授田的规定，园宅地的规定等。而在北齐均田制中只有对农民授田之规定，其他的规定都没有。

第二，在一般农民授田之规定上也有异于北齐。北齐规定："一夫授露田80亩，妇40亩……又每丁给永业田20亩为桑田。"隋朝规定："其丁男、中男授永业露田。"当时北齐没有中男授田之说。

第三，隋代在对人丁的划分上也与前几朝不同。北齐规定："男18岁以上为丁，丁从课役，60岁为老。"隋代规定："男以21岁为丁，58岁为限，实行从丁课，同时把18岁至20岁划为中男。"从而出现了对丁男、中男两种不同年限的授田方法。

这一划分，反映了力役在隋代得到不同限度的豁免，调动了劳动者的生产积极性，同时也反映出隋代经济之富强。

隋代在均田制基础上采取的赋税制度，虽然用北齐租调制，但通过实

施"人丁税"进行了减免。

人丁税是隋文帝杨坚以北周田制为依据，参酌北齐的均田制度。隋代以一夫一妇为状，以"床"为课征单位，以"男"为主体。规定丁男一床课征租粟3石；调绢絁一匹、绵3两，或者调布一端，麻3斤；单身男子、仆人、部曲税额减半，非应授田口皆不课税。

同时，还作了减免规定："单丁及仆隶各半之，未授地者皆不课，有品爵及孝子顺孙，文夫节妇，并免课役。"至隋炀帝杨广时，由于户口的增多，政府决定妇人和奴婢免除课税。

隋代赋税明显是以"丁"为计税依据，丁男得到田地以后，才要利用耕种的作物缴纳户税和田赋，其他人则依身份不同而有其课征额度。

赋税的轻重，可以对人民产生收入效应和替代效应，在此基础上发挥赋税的激励作用和反激励作用。隋代的赋税政策，对人民的生产产生了激励作用，使隋代均田制得以顺利进行。

为了做到课征的公平，隋代还要求乱世期间豪族的隐户，必须要独自设立户籍，作为政府编定户籍的依据和基础，申报不实者予以处罚，并为此制订了"纳籍之法"。它是隋代制订户等和纳税标准的办法。

585年，左仆射高颎鉴于兵役、力役、税收、授田等都与户等有关，而当时户等的划分因长吏怠情，多有不实，于是建议由政府确定划分户等的标准，叫做"纳籍定样"，颁布到各州县。

这一政策规定，每年1月5日县令出查，百姓300家至500家为一团，依定样确定户等，写成定簿，即称"纳籍之法"。

利用这一方法，将大量隐漏、逃亡的农民转为政府编户，通过纳籍定样，剥夺了许多士族豪门控制的依附民，削弱其经济势力，而增加政府的赋税收入，为建立起比较完善的户籍制度创造了条件，加强了政府集权。

由于隋代在调查户口和课征税收方面的得力措施，有效防止了官民不法，做到了课征公平。课征的公平使得人民乐于缴纳，田赋收入大增，国家物资充裕，人民同享富庶。

拓展阅读

隋代徭役中的一个重要项目就是开凿大运河。

隋文帝杨坚于584年命宇文恺率众开凿了长150多千米的广通渠。这是修建大运河的开始。

隋炀帝杨广登基后，为了使长江三角洲地区的丰富物资运往洛阳，分别于603年、605年、610年开凿了永济渠、通济渠和江南运河，并对邗沟进行了改造。这样，洛阳与杭州之间全长1700多千米的河道，可以直通船舶。京杭大运河的通航，促进了沿岸各业的迅速发展。

唐代的税赋制度

唐代作为我国历史上最为强盛的朝代之一，其完善的赋税制度对其发展有着重要的影响。

唐代"均田制"放宽了对土地买卖的限制，更加速了"均田制"的崩溃。

租庸调制的出现表现了其进步性。并在唐初配合均田制的情况下，使得农民生产时间有了比较的保证，同时赋役负担的相对减轻，使得许多荒地开垦出来，国家的赋税收入有了基本保障，府兵制也得到巩固。

　　唐代初年，为了社会的稳定和经济的发展，唐太宗等君臣们经常以历史兴衰作为借鉴，注重吸取历史教训，采取了一系列的财政经济改革措施。其赋税方面主要有均田制、租庸调制，以及后来的两税法等。

　　唐代均田制明确规定，18岁以上的中男和丁男，每人授口分田80亩，永业田20亩。老男、残疾授口分田40亩，寡妻妾授口分田30亩。

　　这些人如果为户主，每人授永业田20亩，户分田30亩。工商业者、官户授田减百姓之半。道士、和尚给田30亩，尼姑、女冠给田20亩。此外，一般妇女、部曲、奴婢都不授田。

　　唐代均田制还规定，有爵位的贵族从亲王到公侯伯子男，授永业田100顷递降至5顷。职事官从一品至八九品，授永业田60顷递降至两顷。散官五品以上授永业田同职事官。勋官从上柱国到云骑、武骑尉，授永业田30顷递降至6顷。

　　此外，各级官僚和政府，还分别领有多少不等的职分田和公廨田，职分田的地租作为官僚俸禄的补充，公廨田的地租作官署的费

用。这两种土地的所有权归政府。

　　贵族官僚的永业田和赐田可以自由出卖。百姓迁移和无力丧葬的，准许出卖永业田。迁往人少地多的乡和卖充住宅、抵店的，并准许卖地分田。买地的数量不得超过本人应占的法定数额。

　　唐代在均田的基础上，制订了租庸调制。规定田有租，户有调，身有庸，外有杂役。

　　租制规定：每丁每年要向政府缴纳租粟两石。此外对岭南等特殊地区实行轻税政策，岭南诸州纳米，上户纳米1.2石，次户8斗，下户6斗。

　　调制中的"调"调是户税，即户为征收对象与征收单位，以丁立户，以实物缴纳，也可以货币缴纳银14两。

　　调制规定：每丁每年纳绢或绫两丈，绵2两；不产绢绵的地方，交纳布2.5丈和麻2斤。

　　庸制规定：每丁每年需要为政府无偿地服徭役20天，闰年加两天；不服劳役的人，要纳绢或布代替，一天折合绢3尺，谓之庸。

庸是应服役者而不去服役的一种折纳，不是一般的赋税，而是以交纳实物来代替劳役，故具有免役金的性质。

如果国家额外加役，加役15天，免调；加役30天，租调全免。每年的额外加役，最多不得超过30天。

唐代除正役之外还有杂役。唐代基本的徭役负担，每年一丁相当于30天至50天。

对于遭受水旱虫蝗等自然灾害的地方，又有减免租庸调的规定。

灾情在4成以上，免租；灾情在6成以上，免租调；灾情在7成以上，课役全免调的规定。

唐代租庸调制，自唐高祖李渊时规定，经唐太宗整顿，历唐高宗、武则天、唐中宗至唐玄宗开元年，一直未变。

在这段日子里，经济逐步发展，户口也逐年增加，国家财政也有了结余，国库也充实起来，出现了唐初社会经济繁荣的景象。

租庸调制以外的杂税，主要则为"两税法"。

780年，唐德宗时的宰相杨炎鉴于当时赋税征收紊乱的情况，建议实行两税法，为唐德宗所采纳。

"两税法"规定：按各户资产定分等级，依率征税。首先要确定户籍，不问原来户籍如何，一律按现居地点定籍。取缔主客户共居，防止豪门大户荫庇佃户、食客，制止户口浮动。依据各户资产情况，按户定等，按等定税。

实施办法是，各州县对民户资产，包括田地和动产不动产进行估算，然后分别列入各等级，共3等9级，厘定各等级不同税率。

地税以实行两税法的前一年，即779年的垦田数为准，按田亩肥瘠差异情况，划分等级，厘定税率征课。

其中丁额不废，垦田亩数有定，这是田和丁的征税基数，以后只

许增多，不许减少，以稳定赋税收入。

"两税法"的征税原则是量出制入，统一征收。即先计算出各种支出的总数，然后把它分配出各等田亩和各级人户。各州县之内，各等田亩数和各级人户数都有统计数字，各州县将所需粮食和经费开支总数计算出来，然后分摊到各等田亩和各级人户中。这就叫"量出制入，统一征收"。

"两税法"的征课时期分为夏秋两季。这主要是为了适应农业生产收获的季节性，由于农业的收获季节是夏秋两季，所以在夏秋两季向政府缴纳赋税。

征课资产按钱计算。因为要按资产征税，就必须评定各户资产的多少，就必须有一个共同的价值尺度，这就是货币。所以两税的征收，都按钱计算，按钱征收。

但是有时将钱改收实物，政府定出粟和帛的等价钱，按钱数折收粟帛。

"两税法"是符合赋税征课的税目由多到少、手续由繁到简、征收由实物到货币的发展规律的。它是适应农业生产力提高，社会经济繁荣与货币经济发展的客观要求的。按社会贫富等级，资产多寡征税也是合理的、公平的。

拓展阅读

有一年，唐太宗派人征兵。

有个大臣给他提出了一条建议，不满18岁的男子，只要身材高大，也可以征。

唐太宗考虑再三，最终同意了。

但是诏书却被魏征扣住不发。唐太宗询问魏征缘由，魏征说："把湖水弄干捉鱼，明年湖中就无鱼可捞了；把树林烧光捉野兽，明年就无兽可捉了。如果把那些身强力壮，不到18岁的男子都征来当兵，以后还从哪里征兵？朝廷的租税杂役，又由谁来负担？"

唐太宗闻听此言，很懊悔自己的错误。他重新下了一道诏书：免征不到18岁的男子。

顺势建制

　　从五代十国至元代是我国历史上的近古时期。五代十国时期，各国财政制度不统一。后周世宗顺应社会的发展，进行财政改革，在一定程度上推动了经济的发展。

　　宋元之际各项经济制度的制订和实施呈现出新的特点，既有中原的制度，又有少数民族本族旧制。

　　中古时期的赋税和徭役几经变迁，顺势而建，促进了整个社会经济的进一步发展，从各个侧面显示出了这一时期的时代特征。

五代十国的税赋制度

　　五代十国时期的赋役征收仍沿用中唐的旧制，实行两税法，分为夏秋两季两次征收，并时常检核农民的现垦耕地，并据以确定岁租的额度。但各国在税收上也有不少自己的办法，比如在两税以外，有随田赋带征的附加税、农器钱、曲钱、牛皮税和进际税等。

　　此外，还有按人征收的丁口钱、盐铁税、绢帛税等杂税。

　　由于战争的频繁，这一时期的兵役制度被各国普遍重视，也出现了许多不同的形式。

五代是指先后占据中原地区的5个王朝，即后梁、后唐、后晋、后汉、后周；十国是指在江淮以南据地称王的9个小国，即前蜀、后蜀、吴、南唐、吴越、闽、楚、荆南、南汉，外加在太原一带的北汉。

五代十国时期的赋役征收与徭役征发，无论在内容还是在形式上，都体现了鲜明的时代特色。五代十国时期的赋税，主要包括田赋、专卖、关市税和各种杂税。

五代的田赋沿袭中唐旧制，行两税法，分夏秋两次征收。两税的纳税额，是按照土地的多少和田亩的优劣而制订的，史书记载了江南南唐的田税交纳额：上田每顷税钱2100文，中田每顷税钱1800文，下田每顷税钱1500文。

两税的起征时间，在后唐明宗时，按照各地季节的早晚，规定了起征时间。在后周世宗时，明令规定：夏税自6月1日起征，秋税自10月1日起征，从此永为定制。

除了田赋这一正税之外，还有"省耗"及"羡余"等。省耗是国家为补偿粮食在征纳过程中的损耗而增添的附加税额，随两税一起交纳。

926年4月，后唐明宗下令罢纳。后汉隐帝时，复令人民交纳省耗，规定于两税之外，每纳田税一斛，加征省耗两斗，百姓苦之。省耗的交纳，一直延续至后周太祖即位，才下令免除。以上各种加耗，

多归地方政府，残余部分作为羡余上交国家。除此之外，还有随田赋带征的附加税，主要有农器钱、酒曲钱、牛皮税和进际税等。

农器钱是对农民自制农具课的税。931年，后唐明宗因政府经营的农具质次价贵，农民不愿使用，改令百姓自铸，政府征收农具税。规定每亩纳农器钱1.5文，随夏秋两税交纳。

五代的酒曲，有时官造，有时许民自造，政府征税，称为酒曲钱。后唐明宗于928年规定，诸道州府乡村人口，于夏秋田苗上，每亩纳曲钱5文，一任百姓造曲酿酒。曲钱按田亩计征，分夏秋两季征收。

牛皮税是因连年用兵而需制造衣甲的牛皮所设立的税收项目。五代各朝都严禁人民私自买卖牛皮，农民的耕牛死后，皮及筋骨要全部交给政府，政府只付一定的钱。

当时对牛皮税的执行很严格。后汉时规定，凡私自买卖牛皮一寸者，处以重刑。后周太祖时规定，牛皮税按田亩摊派，凡种庄稼土地，每10顷要交纳连牛角在内的牛皮一张。从而牛皮税也成了田赋附加税。

进际税为十国中的吴越所创。吴越国建立者钱镠占据两浙时规定，每40亩虚增6亩，亩纳绢3.4尺，米1.5斗。桑地10亩虚增8亩，每亩纳绢4.8尺。

五代十国时期，田赋除了交纳两税之外，还有绢帛的征纳。十国中的楚国谋臣高郁治理湖南时，听说湖南民众自己采茶卖于北方商客，于是进行税收，以养军士。

当时为了促进楚国经济作物生产与发展，高郁下令此税可以用绢帛代替。如此一来，"民间机杼大盛"。楚国的政策促进了茶叶和丝织业的发展，也间接地促使生产方法与品种的改进。由于战争不断，各国财力不足，五代十国对食盐的限制很严，实行食盐专卖或征税。

后梁时，沿袭唐制，实行民制、官收、商运、商销的办法。后唐时，规定盐民应纳盐税，每产一斗盐，要交纳1.5斗的米作盐税。一般居民按户等征收盐税，户分5等，每户200文至1000文不等。

五代十国时期，政府对铁的专卖限制很严，全部由政府实行专卖，严禁人民铸造铁器。直至后唐明宗时才下诏开铁禁，允许百姓自铸农器、什器。但同时规定，于夏秋田亩之上，每亩纳农器钱1.5钱，随夏秋两税送纳。

五代十国时期，对酒有时实行专卖；有时实行征税。后梁时，未执行酒榷，听民自造，政府不加禁止。后唐时禁酒曲，政府实行酒专卖。对私造酒曲5斤以上的人，处以重罪。

五代十国时期，除了对农民征收赋役之外，对商人也予以重课。当时的商杂税主要包括关税、市税、茶税、商旅通行税、油税、蔬果税、桑

南唐烈祖李昪

税、桥道钱、牛租等。

五代十国时期，藩镇割据，各地广设关卡，对来往商人课税。

五代自后梁开始，各地设有场院，专门对商品的买卖征税，所征称为"市税"。当时市税税法很乱，几乎是逢物必税。后唐明宗时，曾下诏令整顿税法，确定征税商品的名目。五代时期，市税的税率约为2%。

五代十国时期，设置茶税场院，对茶叶征税。如后梁末帝朱友贞时，盐铁转运使敬翔奏请于雍州、河阳、徐州3处重要场院税茶。当时税率已无从考据。十国中的楚国，以茶税和茶专卖为国家主要税源。

五代十国时期，为了政府财政需要，在不同时期，不同地区征收多种杂税。比如吴越对捕鱼的税收，规定必须每日交纳数斤，称之为"使宅鱼"。

拓展阅读

李昪是南唐建立者，原称"徐知诰"。

他在位期间，勤于政事，有时日夜连续地批阅奏章，设宴奏乐之类享乐的事也很少做，为大臣们做出了表率。

但对于为国牺牲的人他毫不吝啬，一般都给家属3年的俸禄。对于农田的赋税也尽量公平，他派使者到各地去调查记录各户农田的肥瘠，然后分出等级纳税，百姓纷纷称其公允。从此江淮一带调兵和摊派赋役时就以土地的肥瘠为标准，杜绝了官吏的层层盘剥，从根本上减轻了百姓负担。

宋代的税赋制度

宋代商品经济的发展广泛而深入，使宋代各项经济制度的制订和实施呈现出新的特点，而宋代赋税制度的变迁，正是这些特点的充分体现。

宋代赋税制度变迁所发挥的作用，有利于社会经济的进一步发展。宋朝徭役制度与赋税、保甲、胥吏等制度以及农民的生活等关系紧密，是政府对基层社会进行有效管理的重要制度，对宋朝社会的发展和国计民生具有很大的影响。

宋代的赋税，沿用唐朝中期以来的两税制，夏秋两次征收。但宋代两税已不同于合租庸调制为一的两税，而是以田税为主，外加两税之外的杂税和徭役等。北宋和南宋的赋税和徭役各有不同。

北宋田税法令规定，向土地所有者按土地的数量好坏收税，每年夏、秋各收税一次，又叫夏税、秋苗、秋税。

每年秋收后按亩征收的粮食，在北方各地，大致是中等田每亩收获一石，纳官税一斗；在江南、福建等地，亩税3斗。宋代秋税一般不按实际产量抽税，而按亩定额征税，因各地农业生产情况不同，所以税额也有较大的差异。

夏税收钱，或折成绸、绢、绵、布、麦缴纳，在夏季田、蚕成熟时征收。税额依上、中、下田的等第按亩规定，但各地区也有很大的差别。

宋室南迁后，政府采取大力发展社会经济的措施。这些措施对南

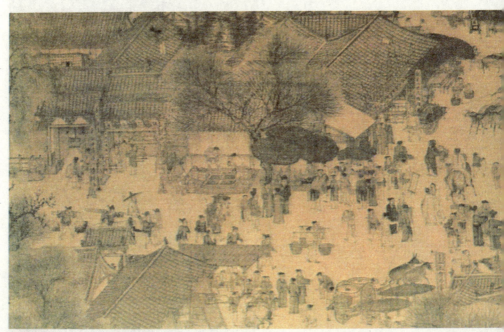

宋的赋税产生了直接影响。

南宋时期，地主招募客户耕种土地，客户只向地主交纳地租，不承担其他义务。这种租佃制在南宋普遍发展，在大部分地区，客户契约期满后可以退佃起移，人身依附关系大为减弱。

同时，客户直接编入宋朝户籍，承担政府某些赋役，不再是地主的"私属"，因而获得一定的人身自由。随着商品经济的发展，南宋农民可以比较自由地离土离乡，转向城市从事手工业或商业的活动。

在南宋官营手工业作坊中，雇佣制度代替了强制性指派和差人应役招募制度，工匠受到的人身束缚大为松弛。这种新的经济关系，不仅推动手工业经济的发展，又促发资本主义生产关系的萌芽。

南宋还设立义庄进行社会保障。义庄主要由科举入仕的士大夫凭其秩禄买田置办，用于出租，租金用来赈养族人的生活。义庄的设置在一定范围内保障了族人的经济生活。

南宋时期，农田得到更多的开垦，以"海上丝路"为主线的通商外贸发达，手工业生产也跃上新的台阶。伴随经济生活的发展，一些税赋种类的扩大是需要的。同时，由于长期战乱这一不利环境导致的财政，南宋政府也迫切需要开辟其他税源。比如南宋初期开始征收的新杂税"经总制钱"等。

经总制钱是经制钱和总制钱的合称。经制钱始于1122年，系经制江淮荆浙福建七路诸司财计的经制使陈遘所创。

总制钱是孟庾在1131年所创，包括转运司移用钱、出卖系官田舍钱、人户典卖田宅牛畜钱等。经制钱和总制钱两者征收后皆先管于各州，每季度起发送往南宋行在。南宋以增赋为主的理财措施，还是起了一定的作用。

除了增加税种外，南宋政府还沿袭了北宋，主要有茶、盐、酒、矾等几项，涵盖了最为重要的生活必需品。南宋初年，局势混乱，两税无力开征或无法纳往政府时，政府开支几乎全部出自盐榷。当南宋政权稳定下来后，专卖收入牢牢地占据了财政的半壁江山。

拓展阅读

在宋王朝建立之后，赵匡胤依据宰相赵普所提出的"削夺其权，制其钱谷，收其精兵"的12字方针，分别从政权、财权、军队这三个方面来削弱藩镇，以达到强干弱枝、居重驭轻的目的。

在"制其钱谷"方面，赵匡胤设置转运使来管理地方财政，并规定，各州的赋税收入除留开其正常的经费开支外，其余的一律送交京师，不得擅留。这样，既增加了国家的财政收入，又使地方无法拥有对抗政府的物质基础。

辽西夏金的税赋

　　辽、西夏和金三朝的赋税制度及徭役制度各具不同特点，其税法和役法既有本族旧制，又有中原的制度；既接受唐制的影响，又直接承袭宋旧制。

　　辽代赋役制度，是在实践中不断充实、完善的。其制既有因循，又有某些改变，因而从各个侧面显示出这一时期的时代特征。

辽朝的赋税制度沿袭后唐旧制，实行夏、秋两税制，并依据不同地区经济发展状况而制订的，大体可分为州县、部族与属国、属部三种类型。其赋税征收的对象，一是从事农耕的州县民户；二是隶属辽朝部族的契丹等族的部民；三是边远地区的少数民族部族。

隶属州县的民户，是从事农耕的汉族、渤海族等州县的农民。国家每年征收田地税两次，即6月至9月为一次，10月至11月为第二次。主要包括匹帛钱、地钱、鞋钱、盐铁钱等。

匹帛钱是在纳税以外，每匹帛再纳钱若干文。地钱是在正税以外每亩另缴若干文，鞋钱是照地亩数再纳军鞋若干双而规定的钱数叫做鞋钱。

盐铁钱为盐税与铁税。盐铁自汉唐以来，始终为政府专卖，辽朝也不例外。辽境内产盐很多，上京有广济湖盐泺，西京有丰州大盐泺，南京有香河、永济两盐院。上京设盐铁司，用以管理国家盐铁税

收事宜。

辽朝的赋税，各地区间有所差别。东京道原属渤海人聚居的地区，其中的酒税可以免征，盐禁也较松弛；辽东地区为渤海人所居之地，对辽东地区赋税的征收，较其他地区为轻，这是为安抚渤海遗民而采取的特殊政策。

头下军州民户的赋税征收，与一般州县有别。关于头下军州的赋税，元好问在《中州集·李晏传》中说道：头下军州内的民户要向头下主和政府各交纳租

税。头下户既纳租于官，而且纳课给其主，寺院两税户也是如此。

辽朝的两税户，不但指州县头下户，还包括寺院的两税户。辽朝崇佛，皇室贵族乃至地主和普通民众，都尽其所能，把田产、钱财、房舍、人户捐赠给寺院。

寺院的田产、房产因此而逐年增多。其中的"人五十户"，是指随同田产一同捐赠给寺院的民户。他们依附于寺院主，每年收成所得，要纳租给政府，还要纳课给寺院主。

契丹、奚族部民隶属于辽内部族，也承担辽朝的赋税。契丹部民从事农耕者，要向政府缴纳赋税，出劳役。契丹、奚族等部民，不但要承担政府官员的俸秩供给，还要担负俸秩外杂畜的供给。

地处边疆地区的少数民族，与居于辽内地的居民不同，他们每年

只需向政府提供土特产品，如貂皮、马匹、骆驼等，但数额也不小。

在东北地区，越里笃、剖阿里、奥里米、蒲奴里、铁骊等五部岁贡貂皮6.5万张、马300匹；西北地区阻卜诸部，每年向政府的岁贡也有定额。其他如乌古部、敌烈部、鼻骨德部、于厥里部、术不姑部、女直部，每年都要向辽朝进贡数额较大的土特产品。辽朝对少数民族部族的贡赋，时有减免。

西夏建国初期，由于对宋朝频繁发动战争，军需粮饷主要靠对宋夏沿边地区的掠夺。西夏中期是西夏封建经济发展的鼎盛时期。西夏仁宗天盛时期颁行的《天盛改旧新定律令》中有关西夏赋役制度的规定完备而详尽。

《天盛改旧新定律令》的第十五章至第十七章中关于农业租税条，对夏国不同地区、不同农作物的纳租标准、数量、纳租时限、入库，及逾期不交和逃租者的处罚等都规定至详。如规定无官方谕文，

不许擅自收取租户钱物及摊派杂役；农民可在所租土地边上的沼泽、荒地上开垦种植，3年不纳租税。超过3年后，一亩纳谷物3升。遇到严重的自然灾害，政府也实行局部免税措施。

除地租税收外，工商税也是西夏税收的大宗。《天盛改旧新定律令》对工商业税收有详细的规定。如店铺开业、牲畜乘船、边境贸易、典当，甚至说媒、求助等，都交纳税金或实物税。西夏还实行盐、酒专卖，"三司"设盐铁使专门管理盐铁生产。

金朝赋税中的牛头税也叫牛具税，是女真族军事和社会组织单位猛安谋克中的各户向政府所承担的一种地税。在金太宗以前，赋税征收没有定制，根据需要的多少而定。后来牛头税的征收始由无定制发展为定制。

牛头税的征收由土地占有关系的性质而定。分配到牛头地的猛安谋克户，不分贵族与一般平民，都要按规定交纳牛头税，征收额每牛

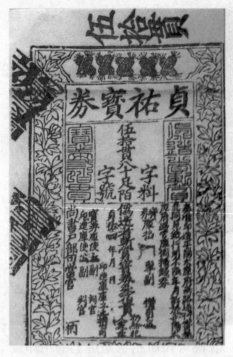

固定为一石或5斗不等，不分收获多少，都交纳税粟。

牛头税不是向猛安谋克户中的奴婢口征收，而是向占有土地的猛安谋克户征收，这是金朝女真族奴隶制的税制不同于封建制税制的最重要的标志。

金朝赋税中的物力钱是按物力征钱的资产税。金朝物力钱的征收，主要是根据土地、奴婢、园地、屋舍、车马、牛羊、树艺，以及货币等资产征收赋税。

金初的物力征赋调，曾实行3年一大比制度。大比，就是每到3年，使天下通检民数和物力，重新进行登记，以便征课赋调。

至金世宗时，由于猛安谋克内部贫富变易，版籍不实，赋调不均，特别是新的封建关系的增长，一方面为防止猛安谋克内部变化，抑制女真贵族；另一方面为对汉族等人民增加赋敛，因而需要在金的全区域内进行统一的物力钱的征收。因此，按物力征钱是金朝增加税收的一种手段。

金朝两税是继五代、辽、宋之后发展而来的，但它与辽、宋旧制比较，并非原封不动的承袭和照搬，而是在原有的基础上又有了发展和改进。金朝的制度是官地纳租，私田纳税。

关于两税的征收额和限期的规定是：夏税亩取三合，秋税亩取5升，此外纳秸一束，一束15斤。夏税缴纳期限，起6月，止8月；纳秋税期限，起10月，止12月，分为初、中、末三限。

金朝两税征收内容与宋不同，宋之两税中有钱，并且计钱扭折为绢帛之类，金则夏秋两税皆纳粟米，无按田亩征税钱并扭折为绢帛之事。绢帛之税另以户调的形式出现，因之金朝两税实际上已发展为纯粹的地税的形式。

金朝两税已成为纯粹的地税，物力钱的征课属资产税，同时在两税、物力钱之外有户调的征收制度。金朝法律规定，民田必须以其地的十分之三为桑地，猛安谋克田必须以其地的十分之一为桑田，或40亩种桑一亩。除枯补新，严禁毁树木。

金朝不仅按制令百姓种桑，同时也有征收丝绵绢税之制。此制分季缴纳，所以有"夏绢"之称。但绢税已从两税分出，它既不随田亩缴纳，也不是田亩的附加税。

拓展阅读

金朝有一个被誉为"小尧舜"的皇帝，他就是金世宗完颜雍。金世宗在"减轻农民负担"方面是很有建树的古代名君。

海陵王时农民的徭役、兵役负担非常严重。为营建中都和南京，海陵王役使人夫工匠达300余万；发动对宋战争，征发壮丁达27万。

金世宗即位后，1162年正月，命河北、山东、陕西等路将征发的步军放还回家。1165年，对宋战争结束后，又命除留守江淮的6万戍军外，其余的都放还。

元代时期的税赋

元代的赋税制度和徭役制度同国家的经济、政治制度一样，是我国封建社会赋役制度的承继，同时也有许多特异之处，对元朝的兴衰有着重要的影响。

元朝的田赋和其它赋税呈现南北异制，就是同一地区的赋税，制度有很大差别。原因在于：统治者征服各地的时间不同，只能因时立制，不可能强求统一。

元代的商税和盐税较之以前有所发展，并规定赋税征钞；元代建立赋役册籍，强化里社制度，保障了徭役征发。

元朝赋税制度南北异制，就是同一地区的赋税，制度也有很大差别。同时，元代由于商业的繁盛，使商税无论是品类还是数额都有明显增加，成为元朝财政的主要收入之一。

此外，因为元代货币经济发达，政府以钞为法定通货，因此在赋税中采取征钞的办法。这些有别于前代的赋税特点，体现在元代各个方面的赋税法规中。

元太宗即位之初，接受耶律楚材建议，初定地税之法，地税的税率"上田亩税3.5升，中田3升，下田2升，水田5升。"元世祖时，除江东、浙西外，其他地区只征收秋税。

1282年，江南税粮按宋旧制折纳绵绢杂物。1296年，才开始确定在江南征收夏税，以木棉、布、绢、丝等物交纳。

元世祖之初，曾多次进行括田，履亩征税。这种括田，虽有增加田赋的意义，但以均平田赋为主。

1314年,元世祖采用大臣奏议,实行经理法,旨在括隐田,增赋税。首先张榜,晓谕百姓,限40天内,将其家所有田产田赋,自己向官府呈报,如有作弊,告发得实,或杖或流,所隐田产没官。

元代初年,继续实行盐专卖,盐利是元财政收入的主要支柱。元朝对其所属盐场实行不同的税率制度,因地而异。政府对盐实行定额税,以白银交纳。

元代的茶税也是国家的一项大宗收入。元代茶税制度基本上是因袭了南宋旧制,实行茶专卖,间或在某一时期或地区征税,或两者并行。

1288年,元朝颁布《榷茶条画》,其主要内容有:茶园不得纵头匹损坏;差官巡绰出差札者,不得夹带私茶;蒙古万户、千户头目人等,无得非理婪索榷茶酒食撒花等物等。

除上述盐茶专卖外,元对酒醋等也实行专卖并课税。元代对酒醋征税始于1230年正月。

当时的规定是酒醋同税，税率为十取其一。由于征收困难，特别是为了保证粮食的基本用途，所以实行官制官卖，设立了酒醋务坊场官，专管酒醋制造和买卖事宜。至元代后期，实行榷征的办法，并大兴造酒场所。

元代的酒醋税大都以银钞缴纳，这就是"赋税征钞"的特点。但偶尔也征收实物，如粮食。酒醋税一直是元代重要的财政来源，减免情况甚少，加上大多实行专管，收入比较稳定。

元代时期的牲畜税在当时称之为"羊马抽分"，是元代建立以前就有的蒙古最古老的税种。有资料记载的元代牲畜税始于1229年8月，当时由于战争的需要，规定凡蒙古人有马百匹者及有牛、羊百头者，各纳其一。这种办法一直持续至元代建立以后，前后近70年没有大的变化。

元代还实行市舶课税法。元承宋制，对国内与海外诸国往还贸易的商舶及海外诸国来华贸易的船只，统称市舶。对中外船舶所载货物的抽分与课税，叫市舶课。

元代市舶课制度，初期沿袭宋朝旧制，实行抽分法，即对进出口

货物抽取定量实物。抽分之后，随客商买卖，在贩卖时另征商税。为鼓励土货出口，曾实行双抽、单抽之法，对土货实行单抽，对蕃货实行双抽，即加倍征收。

元代商税是一种交易税，收入主要来自全国三四十处大中城市，但在财政收入的钱钞部分中占有重要地位，其重要性仅次于盐课。

1270年正月，忽必烈立尚书省，以回族人阿合马平章尚书省事。阿合马长于理财，采取多种措施，增加国库收入。阿合马规定了应征商税的总额，这成为有元一代通行的制度。

拓展阅读

蒙古向外扩张时，只是掠夺，不知赋税为何物，更不知赋税对于经营中原地区的巨大作用。

但是耶律楚材已经看到这一点并有了初步治理的计划，他积极制订赋税征收制度，加强对地方征收赋税官员及各位王公大臣的监督。

忽必烈即位后，秉承耶律楚材时期的赋税制度，并在旧制的基础上明确规定缴纳时期、收受之法，使之更趋完善。这标志着对中原经济模式农业经济的认同。可见耶律楚材在赋税上的贡献是突出的。

应时改化

明清两代是我国历史上的近世时期。这一时期，为了适应封建经济发展和政治的需要，明清两代都对赋税制度进行大力改革。

明代内阁首辅张居正推行的一条鞭法，有利于农业商品化和资本主义萌芽的增长，是我国赋役史上的一次重大改革。

清代雍正帝推行的"摊丁入亩"，废除了"人头税"，减少了封建国家对农民的人身控制，对我国的人口增长和社会经济发展有重要意义。

明代税赋制度及转化

随着经济、政治的发展变化，明代的赋税由赋役制向租税制转化，对人税逐渐向对物税转化，从实物征收逐渐向货币征收转化，从民收民解逐渐向官解转化。

其间制订的"鱼鳞册"和"赋役黄册"，以及明代后期的"一条鞭法"，可以充分体现上述转化与完善的过程。其"一条鞭法"新税制，是我国赋税制度继两税法之后又一次重大的改革。

　　封建政权的基础是土地和人民。朱元璋深谙此道，他在推翻元朝后，为增加财政收入，制订了"鱼鳞册"和"赋役黄册"，将全国的土地和人民编管起来，为政府纳粮当差。

　　鱼鳞册是为征派赋役和保护封建土地所有权而编制的土地登记簿册。赋役黄册又称明代黄册，是明代政府为核实户口、征调赋役而制成的户口版籍。

　　鱼鳞册也称"鱼鳞图"、"鱼鳞图籍"和"鱼鳞簿"，是将田地山塘挨次排列、逐段连缀地绘制在一起，标明所有人甚至点，因其形似鱼鳞而被称为"鱼鳞册"。

　　明代鱼鳞图册，就其所登记项目而言，已是相当完备的土地登记册。它的编制，使赋役的征收具备了确实根据，多少防止了产去税存或有产无税的弊端，使政府税收有了保证，耕地及税额也有所增长。

　　鱼鳞册的编制，对于巩固高度专制主义中央集权的经济基础，曾

发挥了较大的作用。

除了通过鱼鳞册确定赋役基础外,明代还制订了"赋役黄册",核实户口,以便征调赋役。前者用于括地,后者用于括户。

黄册的前身是户帖。户帖备开籍贯、丁口、产业于上,以字号编为勘合,用半印钤记,籍藏于部,帖给予户。户帖既是户籍的根据,又是征收赋役的凭证。黄册是在户帖的基础上产生的。

明初户口主要包括提供兵役的军户和提供赋役的民户,另外有很多名目的贱民户口,如手工业、煮盐业和娱乐业方面的匠户、灶户和乐户等。各种户籍居民都有固定的住所,没有"路引"也就是基层政府开具的介绍信,不得离开住所百千米之外。

民户的情况都要登记在册,这是赋税的基本依据。于是,1381年正月,朱元璋以徭役不均,命户部令全国郡县编黄册制度。

黄册以户为单位,详细登载乡贯、姓名、年龄、丁口、田宅、资产,并按从事职业,划定户籍,主要分为民籍、军籍、匠籍三大类。

民籍除一般应役的民户外,还有儒、医、阴阳等户。军籍除一般供应军役的军户以外,还有校尉、力士、弓、铺兵等。匠籍登记手工业户,向政府承应工匠差役以及厨役、裁缝、马、船等。

此外，在南直隶、浙江、湖广、江西、福建等田赋数额较多的省份，明代政府还陆续建立了粮长制度。

粮长的编派，大致是"以万石为率，其中田土多者为粮长，督其乡之赋税"。

不久粮长还有了被称为"区"的明确的地域管辖范围，而"区"则是以"都"为基础划分的，根据税粮数的多少，有的地方是一都设置一区或数区，有的地方则是数都合并为一区。

赋役黄册的编制，使在册之人都无例外地为国家担负赋税和徭役，在一定程度上解决了赋役不均的问题，增加了国家财政收入，有利于国家建设。

明代前期的田赋，分夏税和秋粮，夏税无过8月，秋粮无过明年2月。夏税以麦为主，秋粮以米为主。但均得以银钞钱绢代纳。

例如，一石米或折银一两，或折钱千文，或折钞10贯。麦的折算

比米减五分之一。凡以米麦交纳者，称为本色，而以其他实物折纳者，称为折色。

征收的税率，一般通则，官田亩税五升三合五勺；民田减两升，即三升三合五勺；重租则八升五合五勺等。浙西地区土质肥沃，则税率相应较高。

明代前期赋税制度尚称严整，但至明代中期时社会经济状况有所变化，大量田地迅速向地主手中集中。鱼鳞册和黄册与事实不符，富户权贵，田连阡陌而不纳税，贫苦农民往往地少而需纳税。

有的地方自行捏造簿册，名叫白册，破坏了赋役的依据。在这种情况下，为挽救财政危机，重新清查土地和户口，改革赋税制度，已经势在必行。

1578年，明朝根据张居正的建议，下令清丈全国的土地，包括有

功勋的皇亲国戚的庄田和军屯在内。在清丈出土地实有数目后，1581年，政府通令全国实行"一条鞭法"赋税制度。

张居正把当时各种名目的赋税和劳役合并起来，并且折合银两征收，称为一条鞭法，又称一条编法。具体有以下内容：

一是清丈土地，扩大征收面，使税负相对均平。针

对当时存在的占地多者田增而税减的情况，只有从清丈土地入手，才能做到赋役均平。仅据部分清丈的结果，就增加了土地2.8亿亩，使不少地主隐瞒的土地缴了税。

二是统一赋役，限制苛扰，使税赋趋于稳定。实行一条鞭法以前是赋役分开。赋以田亩纳课，役以户丁征集，

赋役之外还有名目繁多的方物、土贡之类的额外加派。

实行一条鞭法以后，全部简并为一体。将役归于地，计亩征收；把力役改为雇役，由政府雇人代役。由于赋役统一，各级官吏难以巧立名目。因此，丛弊为之一清，使税赋趋向稳定，农民得以稍安。

三是计亩征银，官收官解，使征收办法更加完备。一条鞭法实行以后，不仅差役全部改为银差，而且田赋除苏杭等少数地区仍征实物以供皇室食用之外，其余也均已一律改征折色，即折为色银。

与此同时，赋役征课也不再由里长、粮长办理，改由地方官吏直接征收，解缴入库。从此，不按实物征课，省却了缴纳储存之费；不由保甲人员代办征解，免除了侵蚀分款之弊，使征收方法更加完善。

就役银由户丁摊入地亩的比例而言，除明代晚期少数地区将役银

全部摊入地亩，户丁不再负担役银者外，可以归纳为三类：

一是以丁为主，以田为辅，以州县为单位，将役银中的小部分摊入地亩，户丁仍承担大部分役银；二是按丁田平均分摊役银，即将州县役银的一半摊入地亩，另一半由户丁承担；三是以田为主，以丁为辅，即将州县役银中的大部分摊入地亩，其余小部分由户丁承担。

一条鞭法新税制，将明初的赋役制度化繁化简，并为一条，并将征收实物为主改为以征收银两为主，即由实物税改为货币税，结束了我国历史上实行了2000多年的征米之征、布帛之征和力役之征税制体系，可以说是我国赋税制度继两税法之后又一次重大的改革。

拓展阅读

我国著名历史学家吴晗在《朱元璋传》一书中，对朱元璋成了明代开国皇帝之后的种种表现作了实事求是而又比较辩证的分析。

朱元璋在建国之初做了很多事情，致力于安定社会。其中重要的是朱元璋采取减免赋税，清丈田亩，与民屯田，开垦荒地，以及兴修水利等措施，促使农村生产力的发展。他下令在他所控制的地区，凡桑、麻、谷、粟、税粮、徭役，免征3年。由此可见，朱元璋对明代税役制度的建立起到了重要作用。

清代定额化税赋制度

清政府通过从康熙"滋生人丁永不加赋"到雍正"摊丁入地"的赋税改革，建立起完备的赋税制度。

清代的田赋、火耗、平余、摊丁入亩等制度，体现了清代在赋税应征额及简化赋税项目方面的一系列原则，有助于国家的赋税收入和征解行为，使得国家业已固定的总额更易征足。

从财政收入的组织功能上看，清代赋税制度呈现出鲜明的定额化特点。

清代前期的赋税制度，包括田赋、火耗、平余等。

清代对国有土地及因事没收的田地由政府管理，租给农民耕种，实行定额租制，租额为上地3分、中地2分、下地1分。不缴田赋，田丁也多免徭役。

清初田赋税率沿用前朝科则，用银两计算：沙碱地、洼地、山坡及坟地亩征1分至3分；耕地每亩2分至4分；园地每亩4分，官收官解。

1753年，乾隆分田赋为3则，每则又分为3等，共为9等，历朝大致相同。

火耗又叫"耗羡"，是把实物换为银两后，因零碎银熔铸成整块上缴时有损耗，因此，在征收田赋时加征火耗一项。

在火耗的实行过程中，雍正年间采取了通过定火耗以增加各级地方官薪的重要措施。清初承明旧制，官至极品俸银不过180两、禄米180斛，七品知县年俸仅40两。

1724年，雍正降旨实行耗羡归公，同时各省文职官员于俸银之外，增给养廉银。各省根据本省情况，每两地丁银明加火耗数分至一钱数分银不等。耗羡归公后，作为政府正常税收，统一征课，存留藩库，酌给本省文职官员养廉。

耗羡归公改革措施集中了征税权力，减轻了人民的额外负担，增加了外官的薪给，对整顿吏治，减少贪污有积极作用。

收税时，每正税银200两，提6钱的附加税，以充各衙门之用。平余为清代地方政府上缴正项钱粮时另给户部的部分。一般来源于赋税的加派，也有另立名目加征的。

随着商品经济的发展，清政府需要的货币数量日益增多，于是政府对田赋等除了征收部分粮食之处，其余征收货币。

清代中后期实行"摊丁入亩"赋税制度。这是清代赋税制度的一项重大改革。

摊丁入亩的具体做法：一是废除以前的"人头税"，将丁银摊入田赋征收；二是继续施行明代时的一条鞭法，部分丁银摊入田亩征收，部分丁银按人丁征收，摊丁入亩后，地丁合一，丁银和田赋统一以田亩为征税对象。

摊丁入亩的实施，使得无产者没有纳税负担，而地主的负担增加，对于清代人口的持续增加、减缓土地兼并，有利于调动广大农民和其他劳动者的生产积极性，促进社会生产的进步，以及促进工商业的发展有一定的作用。

清前期的工商税包括盐、茶、矿等，既征税又有专卖收入。

清前期盐税收入较多，盐法主要采取官督商办、官运商销、商运商销、商运民销、民运民销、官督民销、官督商销等7种形式。各省盐政，多由总督巡抚兼任，还有都转运使、司运市、盐道、盐课提举司等，官制比较复杂。

清前期的盐法种类虽多，但行之既广而且久的是官督商销，即引岸制，也称纲法。纲法规定灶户纳税后，才允许制盐。所制之盐不能擅自销售。

盐商纳税后，领得引票，取得贩运盐的专利权。税收管理机关将运商的姓名，所销引数、销区在纲册上注册登记。

清盐引岸制本沿袭前代盐法，只是在清代更加成熟。所谓"引"，是盐商纳税后准许贩运的凭证。由户部颁发的称为部引。

所谓"岸"，是指销盐区域，即引界、引地，是专卖地域之意。

清代初期的盐税较轻，主张蠲免，后来的税额有所增加。

清代盐税，分灶课、引课、杂课、税课、包课。

灶课是对盐的生产者所征的课。主要是对制盐人即灶人课人丁税，既按丁征银，又按丁征盐；对于晒盐的盐滩，按亩征土地税。

引课是按盐引征的税，这是盐税的主要部分。杂课也叫附加税，是衙门官吏的超额征收。

税课和包课，施行于偏僻地方的产盐地。对这些地区，许民间自制自用，政府课以税银。有的还把盐税摊入田赋，或由包商交纳一定数额的税，然后自行收纳。

清代初期，沿用明代茶法。官茶用于边储和易马，贡茶供皇室用。官茶征收实物，大小引均按二分之一征纳。

在陕西，甘肃一带交换马匹，设专员办理，称为巡视茶马御史。交换比例是：上马给茶12篦，中马给9篦，下马给7篦，所换的牧马给边兵，牝马付所司牧孳。

当时的10斤为篦，10篦为一引。清统一后，马已足用，于是官茶的需要减少，而茶税的征收渐有定制。其他各省纳课轻重不一。

矿税也是清朝的税收项目之一。清初禁止开矿，乾隆年间，大力开矿。当时云南、贵州、广东、广西、四川、湖南、浙江、福建、山西等有金、银、铜、铁、铅矿约200余处，嘉庆道光年间，又令禁止开采金矿，银矿也禁一部分，至咸丰时方开禁。

由于在采矿问题上，时禁时开，矿税的征收，在不同时间，不同地方轻重不同。

1680年，各省开采的金银，四分解部，六分抵还工本。

1682年，定云南银矿官收四分，给民六分。

1713年，定湖南郴州黑铅矿，取出母银，官收半税。

1720年，贵州银铅矿，实行"二八"收税，即收取20%。雍正以后，大半按"二八"定例收，即官税五分之一，其余4份发价官收，另4份听其贩运。

清代前期禁止酿酒贩卖，故不对酒征税。许可酿造时，酒税收入也不列入国家财政收入。

1757年，乾隆令地方官发执照，征酒税，1780年，奏准杭州按照

北新关收税，酒税是很轻的。

清代鸦片战争以前的内地关税，即后世所谓常关税，包括正税、商税、船料三种。正税在产地征收，属货物税；商税从价征收，属货物征通过税。船料沿袭明代的钞关，按船的梁头大小征税。

清前期常关，分设户、工两关。户关由户部主管，如乾隆时期京师的崇文门、直隶的天津关、山西的杀虎口、安徽的凤阳关、江西九江关，湖北的武昌关等40多个关。

工关主要收竹木税，工关由工部主管，关税收入供建造粮船及战船、修缮费之需。但有的关，如盛京浑河、直隶的大河口、山西杀虎口等关，由户关兼办。

清初的地方常关组织，有特设监督的，有以外官兼管的，也有由督抚巡道监收的。内地关税隶属关系不甚统一。

税制方面，清初比较严谨。比如：罢抽税溢额之利，以减轻税负；议准刊刻关税条例，竖立刊刻告示的木牌于直省关口孔道，晓谕商民；还屡次制订各关征收税则，划定税率标准。但到了乾隆初年，已出现私增口岸，滥设税房之事，常关积弊又出现。

常关税率，依雍正、乾隆年间户部惯例，以从价5%为标准，但未能贯彻。各关自定税率，一般说来都以货物通过税为主，还有附加及手续费。

1684年，清政府取消海禁，准许外商到广州、漳州、宁波和云台山4个口岸进行贸易。由于西方海盗商人的违法行为，清政府决定取消其他几个通商口岸，只许在广州一口通商，直至中英《南京条约》签订，情况才发生变化。

清初的对外贸易，沿袭明代的各项贸易制度。康熙令开放海禁后到鸦片战争以前，来中国贸易的国家主要有英、法、荷兰、丹麦、瑞典等，其中英国占主要地位。

海关征税，分货税和船钞两部分。货税征收无一定税则，除正税之外，另征各项规银及附加，一般说来，正税较轻，但外加部分有时竟倍于正额。

1689年颁行的海关征收则例分衣物、食物、用物、杂物四类课税，进口税率为4%、出口税为1.6%，均系从价，按物课税外，每船征银2000两，此为吨税之始。

1728年，又定洋船出入期及米粮货物之数，司关对于外商入口所携货物现银，另抽一分，叫缴送。

1757年，西洋船到定海，为抵制外货，浙江海洋船税加增了近一倍多。

清前期的海关主权完整，但征税于行商。外商来关贸易必须经官方核准的行商间接代售。行商借以居中牟利，于售价每两征银3分作为行用。而外商以公开行贿的手段，进行大规模走私，使国家关税损失严重。

落地税是商人购得货物到店时所征的税。清前期落地税，全国没有统一税法，由地方官随时酌收，无定额。一般来说在各市集乡镇，附于关税征收。其收入之款交由地方留作公费，不入国税正项。

牙税是牙行或牙商征收的税。牙行和牙商是当时城乡市场中为买卖双方说合交易或代客买卖货物抽取佣金的中间商人。

牙帖税率，因地区而异，一般依资本或营业额分为数级，如江西规定上级纳银3两，中级纳银2两，下级一两；湖北规定上级纳银2两，中级一两，下级5钱。偏僻村镇，上级一两，中级5钱，下级3钱，纳银多少因负担能力而异。

除牙帖税外。还要交年捐，即牙行开业之后，每年分两期，依营业额大小分等，税银约50两至1000两之间。

当税为清初所创，系当铺营业税，当税由当帖而生。一般当铺或小抵押铺，于领取当帖获得营业许可权时，需缴当税，每年一次。

1652年，制订当铺税例，各当铺每年课银5两。

1664年，规定依照营业规模大小年纳银5两、3两、2.5两不等。

契税也称为田房契税，是对买卖典押土地房屋等不动产所课的税。清初只课买契，不课典契，后来，渐及典契。

1647年规定，民间买卖土地房屋者，由买主依卖价每一两课税银3分，官于契尾钤盖官印为证。

1729年，规定契税每两纳3分以外，加征一分作为科场经费。税契之法，此法税率，买契为9%，典契为4.5%。

除上述各税外，还有牲畜税、车税、花捐、灯捐等。各省新设立的名目大致相同。

拓展阅读

康熙年间，苏州一带绅士逃税之风甚烈，涉及者有上万人。为此，康熙皇帝下令一律取消功名，其中有两三千人交刑部议处。

有一个学子考中了"探花"，但他欠税折银一两，被官府发现。他给皇帝上书求情："所欠一厘，准令制钱一文。"

这位学子原想会得到恩准的，没想到康熙皇帝还是照样除了他的功名。这事在江南一带成了一句民谣："探花不值一文"，并四处流传，偷漏税者莫不惊恐。从此以后，再无这种事情发生了。